JN071828

念仏の声が宝となるとき

生活にいきる『教行信証』の言葉

大窪康充

法藏館

もくじ

◆本書の第1～2章は浄土寺より刊行中の季刊紙『浄土寺だより』の掲載文をもとに、加筆・修正をくわえたものです。

◆本文中に掲載している『教行信証』などの原文は『真宗聖典』（東本願寺出版部）によります。また、算用数字で表記した頁数（例：215頁）は、『真宗聖典』の掲載頁数を示しています。

刊行に寄せて

三木彰円

このたび大窪康充氏が『念仏の声が宝となるとき』を刊行されることとなった。刊行にあたり、思うところを少しく記させていただきたい。

大窪氏に私が値遇を得たのは、今を遡ること二十七年前のことである。それは私が大谷大学第一研究室の特別研修員という立場を与えられたことに始まる。当時大谷大学の研究室は各学科の性格に基づき第一研究室から第五研究室に区分されていたが、真宗学・仏教学を専攻する者は第一研究室を学びの場としていた。特別研修員という立場には、自らの研究課題に取り組むことだけではなく、学生とのさまざまな対応や、大学の業務など、そこに為すべき事柄がさまざまにあった。その立場に戸惑うことが多かった私に対して、丁寧な説明や叱咤・アドバイスを通して常々導いてくださったのが一年先輩の大窪氏である。

大窪さん（以降、普段の呼び方で記させていただく）は、仏教学、中国仏教を専攻され、天台智顗の思想を学んでこられた人である。私は真宗学の専攻であるが、専攻分野を超えて仏教を聖教に問い尋ねることの大切さを大窪さんから教えていただき、お互いに率直に議論を交わす得がたい機会をいただいてきた。本書は「三宝帰依」ということが大切なテーマとして底流を貫いているが、「三宝帰依」をめぐって研究室でさまざまな議論を繰り返したことが今も鮮明に思い起こされる。

また、第一研究室での大窪さんの姿として思い起こされるのは、学生のどのような質問にも時間をいとわず丁寧に対応していた姿と、時間があれば黙々と天台智顗の著作を読み続けていたその姿である。特別研修員の任期を終えられた後は、自らが立つ場所を浄土寺に定められ、その後、浄土寺・金沢教区・本山を活躍の場として、それぞれの場所とそこにある人との関わりを何よりも大切にしながら今日に至っておられる。大学の研究室でのあれこれと、現在日々向き合っておられることには、ある意味で性格の異なるものがあるはずである。にもかかわらず、大窪さんは、私が大谷大学第一研究室で身近に触れることのできた姿勢を一貫しておられる。

本書の刊行に際して原稿を読ませていただいたが、記されている文章の一言一句に感じたのは、大窪さんの「教え」に対する向き合い方である。それは「聞く」という姿勢が貫かれているということである。本書は「ひとこと法話」と「『顕浄土真実教行証文類』の言葉との対話」によって構成されている。「ひとこと法話」は、寺報に掲載されたご自身の文章を中心に、折々の体験を通して、門徒さんとの日頃の何気ない会話を通して、あるいはそこに出遇った出来事を通して、自らを問い、改めて「今現在」において教えを聞き導かれていこうとする営みから生まれたものであると思う。また「『顕浄土真実教行証文類』の言葉との対話」という題のもとに記された文章は、日頃のさまざまな体験をふまえながら、真宗の聞法の原点を確かめ、親鸞聖人の言葉を通して、真宗門徒として「私」と「あなた」、お互いが共に立っていく依り処を明らかにしたいという素純なこころのもとにしたためられた文章である。そのように思いながら読ませていただいた。

真宗の教えに対する向き合い方は、「聞く」という言葉で表されるものである。「聞く」ということは、私の思いを優先して、自分の認識に都合よく言葉を解釈し納得することではない。自分が気づかなかった自分、あるいは気づかないということで事態を済ませやりすごそうとする自分、そのようなあり方が教えによって照らし出されていくことを「聞く」と言う。したがって、教えを聞くということは、「私が教えに問いかけられている」という立場に自らが常に立ち続けることである。親鸞聖人はその生き方を「仏弟子」という言葉で教えてくださっている。教えを聞くという立場に自分を徹底して据えるとき、はじめて私たちは、自己と語らい、他者と語らう場と関わりあいを持つことができるのではないだろうか。

本書に収められた文章は、大窪さん自身の「教えとの語らい」である。しかしそれは彼一人に止まる営みではなく、日々の生活のなかで同朋と共に聞き、共に語らうという事実から生まれた文章である。そのことに思いを致すとき、この書を手にとる私たち一人ひとりも、教えを聞くことの大切さを今一度自らに確かめ、教えを聞くことを通して、お互いに語り合い確かめ合っていくことの大切さを改めて思い直していくべきであろう。そこにこの書を刊行された大窪さんの願いと私へのよびかけがあると思う。

（みき・あきまる　大谷大学教授）

二〇二〇年七月

第1章 ひとこと法話24

■本文中に掲載に掲載している『教行信証』などの原文は、『真宗聖典』（東本願寺出版部）による。
また、算用数字で表記した頁数（例：215頁）は、『真宗聖典』の掲載頁数を示している。

01

仏を見る

かって、ある人から「私には霊的なものが見えるのですが……」という相談を受けたことがある。そのような問いに対して、釈尊（しゃくそん）は否定も肯定もしなかったという。ならば逆に仏を見るとはどういうことだろう。

霊とは、自然霊や死霊、そして先祖霊などさまざまいわれているが、時には災難や幸福を左右する力をもつものと信じられている。「災いがあったのは悪霊のせいだ」とか、「こんな不幸な目にあったのは除霊をしなかったからだ」と言って、自らの責任を外的な霊へと転嫁（てんか）することにより、内的に自らの問題として受け止めることをしない。それ故、霊を見るということは、逆に現実を見ようとしない人間の潜在的（せんざいてき）な恐怖心から起こる現象といえるのではないだろうか。

ある少年は、幼いときから祖父に「食べものには仏さまがござる」と聞かされてきたという。そこで彼は、弁当箱を持ち出し、学校の理科の時間に顕微鏡で米粒をのぞいてみた。しかし何も見えなかったので先生に尋ねると、「ご飯の中には含水炭素（炭水化物）とタンパク質と水があるんだ。仏なんかあるもんか……」と言われた。赤っ恥をかいた少年は家に帰って「おじいちゃんは嘘をついた」となじったという。

一つとして同じ形のない小さな米粒は、自然の恩恵と人間の労力など、無限に近い条件によって、一度限りの実を結ぶ。それが次の種を生み、また新たな実を結ぶための芽を息吹かせる。いわばさまざまな条件が重なり合う空間的なつながりと、過去無量から未来永劫への時間的なつながりの産物が、唯一の米粒として存在させるのだ。

「縁起《つながり》をみるものは法《真実》をみる
　法をみるものは縁起をみる　法をみるものは仏をみる」（釈尊）

米一粒のつながりの中に、人として生まれたが故にある私の存在が照らされる。するとそこには、かけがえのない環境や多くの人々に支えられ（空間的なつながり）、

糠仏（ぬかぼとけ）
当寺の開基より代々伝わる法宝物の一つ。お米のもみ殻を漆でかためて方割（かたわり）にし、そこに阿弥陀・観音・勢至の三尊が刻み込まれています。

さまざまな先達の悲しみを背負い、次世代へと繋がっている（時間的なつながり）、そんな「身の事実」としての私が映し出される。

少年が大人になって、祖父のあの言葉をどのように受け止め直したかはわからない。ただ彼は、なじられて仏壇の前で悲しんでいた祖父の後ろ姿を生涯忘れなかったという。それは、祖父の仏に手を合わす後ろ姿から、人として生まれたが故の悲しみやその生き様をどこかで受け止めていたからだと思う。

まさしく空間的なつながりと時間的なつながりのど真ん中にいる私であれば、そこから見えてくるものを仏と呼ぶのだろう。

02

仏教の系統図は私の系統図

以前、ある方から「仏教には系統図みたいなものはないのですか?」という素朴な疑問をいただいた。インドで始まった仏教が、中国、日本へと伝わり、各宗派へと枝分かれする系統図ではなく、この私がどのような経路を辿れば到着点に辿り着くのか、という問いかけだったように思う。

宗派によって経典やご本尊が異なるので、何をどのように信じるべきかはわかりにくい。それこそ同じ仏教徒として、多種多様からなる教えを統括し、すべての人々を究極の救いへと導く「未来のための系統図」でもあれば、どれだけわかりやすいことだろうか。

そもそも「仏説」と称する経典は、釈迦が弟子一人ひとりに応じて説く対機説法であり、「いつ」「誰が」「どこで」「誰と」という条件のもと、「このように私は聞いた」と弟子が聞き受けとめた内容を記したものである。釈迦一代の説法に八万四千の種類があると喩えられているように、仏弟子一人ひとりが、その時その場に応じた八万四千種の教えとして聞いてきた足跡である。

さらに経典の「経」とは、端から端までを貫く目に見えない縦糸〈経糸〉という意味である。『般若経』『涅槃経』そして『法華経』などはすべて「仏説」と称され、説き方や内容が異なっていても、「皆がいかに仏に成るのか」という一貫した課題のもとに分類・整理され、究極の教えへと導くための縦糸に見立てられるのである。

織物とは、先ず端から端までを貫く縦糸（「変わらないもの」「変えてはいけないもの」）がしっかりと張られ、種々さまざまな横糸〈緯糸〉（「変わるもの」「変えなければならないもの」）が絡むことによって、バラバラにならず、一つの作品として完成される。『大経』の、誰一人例外なく仏に成るという一貫した約束がピンと張られた縦糸に、日常のさまざまな生き方が点となり線となる横糸となって組み交わされば、他でもない、かけがえのない私自身のオリジナルの人生模様を織り成していけるのだ。

「僕の前に道はない。
僕の後ろに道はできる。」（高村光太郎『道程』より）

今ここにいる私は、これまで歩んできた私以外の誰でもない。誰もが同じような道をたどり導かれる「未来のための系統図」などはなく、ただあるのは、私にしかない人生の歩みに於いて、私が本当の私に成るための「過去が輝いていくオリジナルの系統図」だけなのだろう。

03

人生という山登り

あるバラエティ番組で、登山者たちに山へ登る理由を尋ねていた。その返事は、頂上に登った後の達成感、大自然との触れ合い、そして都会の喧騒からの逃避など、さまざまだった。山に登った者にしか味わえない感動があるのだろう。苦労しても報われないことが多い現代社会において、はっきりとした達成感や充実感が、ことに登山者たちを魅了するのだろうか。

古来より山と寺とは密接な関係にある。比叡山延暦寺、吉祥山永平寺、そして龍谷山西本願寺など、寺には「山号」が付与されている。その由来は中国にあるといわれているが、日本特有の山に対する民間信仰は無視できない。山は農耕を営むための水源であり、また死者の霊魂は山を媒介に神の地位へと昇っていく。そんな山岳信仰と融合して、日本の仏教は受容され発展していったのだろう。

さて、親鸞にとって、山はどのように映ったのだろうか。親鸞は比叡の山へ上り厳しい修行を勤め、そしてその山を下りた人である。当時の閉鎖的な仏教界に疑問を呈した親鸞は山を下りて、日常の生活に身を据(す)え、さまざまな民衆とともに生きる中で本来の仏教を見出したのである。その教えは、山で湧いた水が海へと流れつくように、私たち一人ひとりが、さまざまな問題を乗りこえつつも、最後は平等に受け入れてくれる本願(ほんがん)の海に帰入(きにゅう)するものであった。

「人生に現れてくる問題の大きさが、その人の器になる。人生には乗り越えられる問題しかやってこない」（中井俊已(なかいとしみ)）

誰の人生にも山あり谷あり、常に平坦な道であるということはあり得ない。この娑婆(しゃば)という現実に立ちはだかる問題を山に喩(たと)えるなら、一人ひとりの人生そのものが山登り。山の大小にかかわらず、近道、寄り道、回り道などをしながら、独り、一歩一歩踏みしめる道のりにこそ、いろんなことを知らされる。何よりも、山を登るということは、下りることによって完結されることなのだ。

「そこに山があるから」（ジョージ・マロリー）登るのであれば、私たちはなぜ生きるのだろう。この世に生を受け、厳然と現れる問題がそこにあるから生きるのであり、また生きられるのである。今現に私たちは、山を登っている最中であればこそ、それぞれの問題を乗りこえながら、最終的に帰るべきところが定まっていく。それが人生という山登りの本当の達成感や充実感につながっていくのだ。

04

心の復興

あの震災から三年半経った時、初秋の風を感じながら東北の海沿いを車で走った。ほとんどの建物は撤去され、所々に震災の爪痕が残ってはいるものの、まるで何ごともなかったかのように平地が広がっていた。

ある女性と出遇った。娘三人とともに津波から逃れたが、義理の息子は亡くなった。南三陸町の防災庁舎で最後まで任務を遂行し、津波にのまれて、いまだ遺体は見つかっていないという。鉄骨しか残っていない庁舎跡を撤去するか否か、その議論が続いたなか、彼女の言葉が心に響いた。「残骸は撤去すればいい。私にはただ手を合わせるところがあればいい」。

手を合わせるべきところに手を合わす。それは本当に苦悩する者が、あなたを救おうとする呼び声に目覚める姿ではないだろうか。悲惨な残像に縛られ、過去に呑み込まれてしまうのではなく、仏に手を合わせることによって、今ある現実を素直に受け入れていく。すなわちそれは、阿弥陀仏の「あなたが救われなければ私は救われない」という真実の願いに導かれ、「今この私が救われなければ、故人はいつ救われるのか」という真の呼び声に目覚めることなのだ。この目覚めこそが、悲惨な過去を引き受けつつ、希望の未来へと踏み出す第一歩となるに違いない。

　彼女は被災して以来、「自分だけが好きなことをしていいのか」という自責（じせき）の念から、長年続けてきた押し花教室をやめていた。しかし、自らが植えた花の種が被災した荒地にもしっかりと根付き、次から次へと咲き広がっていくのを見て実感したという。「好きなことをして活き活き（いい）としている姿を隠すのではなく、亡き人に見てもらいたい」。悲惨な過去と向き合うことは誰しも怖い。しかし、過去を他人事（ひとごと）のように忘れ去ることはもっと怖い。彼女は真実の声を聞き過去を引き受けることで、心の復興の第一歩を踏み出したのだ。

南三陸町防災庁舎
「高台へ避難してください！」と最後まで呼びかけ続けられた女性職員の方（24歳）、皆と一緒に屋上にあがり、最後まで町民を守り続けられた男性職員の方々がおられました。
下写真は庁舎の全景。鉄骨のみが残る。

被災当初から彼女を支えてこられた女性僧侶の言葉を思い出す。「『被災者のために何をすればいいのか』とよく聞かれます。皆さんは自分の周りの人、また亡くなった身近な人を大切にしてください。それが被災者への支援につながるのです」と。

手を合わせ真実の声を聞き続ける被災者の姿に導かれ、私自身もただただ手を合わせる。そして、周りの身近な人々と向き合い生きることが、被災者とともに同じ時代と社会を生きる一人ひとりの心の復興へとつながるのだろう。

05

仏の罰

幼い頃、大人から「悪い事をしたら罰（ばち）が当たるぞ！」とよく言われた。振り返ってみれば、いたずらや暴言など、数々の悪行を繰り返してきた私だが、実際に「罰が当たる」とはいったいどういうことだろう。

小学三年生の時、近所の柿の木に登って柿を盗んで食べたことがあった。その家のおばあちゃんとのやり取りを思い出す。

「こらっ、柿を取ったらダメやぞ」、「うるせ、クソ婆バー」、「そんなこと言うたら罰当たるぞ！」、「当ててみいや、ほ～ら、何もないやん」。

テレビ番組の影響を受けていたのか、罰が当たるとは、正義のヒーローがどこからともなく現れて、悪い奴らをやっつけるような画（え）を描いていたが、悪ガキにそんなことは起こらなかった。

さて、仏が罰を与えるということは果たしてあるのだろうか。自分の思い通りにならないと瞋（いか）り、お互いに傷つけ合っている地獄のような姿。

次から次へと貪り、どこまでも満足できない餓鬼のような姿。どうしようもないことを愚痴るばかりで、他人と心を通わすことができない畜生の姿。そんな地獄・餓鬼・畜生の三途の黒闇の中で、真実に背いて生きていること自体が罰当たり。仏罰とは、そんな人間の姿こそが罰であることを教え、それでも私を捨てない弥陀の慈悲に目覚めるためにある。

人様の柿を盗んで「クソ婆バー」と言った過去がある。その罪に対し何の罰も当たっていないのではなかった。傷つけた人に謝れず、諭してくれた人に感謝できなかったクソ坊主の少年期。今でも拭い去れない心の痛みこそが、最大の仏罰だったのだ。

06

すでに我が身におさまっている仏の声

親友の奥さんから、夫に対する率直な思いを聞かされた。「こんなに尽くしているのだから、せめて『ありがとう』の一言でもあればいいのに……」。気持ちはそれなりに理解できるものの、彼女の話はどんどんエスカレートしていく。するとなぜか違和感を覚えるようになった。

ある先生から聞いた、末期癌のご門徒の話である。何かにすがる思いで、それまで記録した聞法ノートを必死に辿ってみた。「少しでも楽になれる言葉はないか」「苦悩から逃れられる教えを見つけたい」と思っても、それは単に見返りほしさの心を満たすためのものにすぎず、何の言葉も目にとまらなかったという。ところが、ある日、記憶の片隅にあった何気ない言葉が不意に浮かび、それが生きる支えになったという。「教えは毛穴から入ってくる」と言われるように、大切な教えは、すでに私の身におさまっていたのだ。

さて、お経とは、仏弟子たちが釈尊（しゃくそん）の教えを聞法ノートのようにまとめたものだ。「八万四千の法門（ほうもん）」といわれるほどたくさんあると伝わっているが、終極的には釈尊がたった一つのことを聞かせるためのものだった。それは、見返りを求めるのではなく、苦悩の中のありのままの自分を、ありのままの「身（み）の事実」として受け入れよということを仏の声として聞くことである。あの末期癌のご門徒のように、苦悩から逃れるために私が聞く声ではなく、苦悩を背負うことによって、すでに私の身におさまっている仏の声を聞いていくことなのだ。

親友の奥さんは、何か慰（なぐさ）めの言葉をもらったところで、本当に満足できるのだろうか。もし夫が「ありがとう」と言ったところで、見返りを求める心はますます大きくなり、相手を受け入れる心は狭まってしまう。いっとき怒りの拳（こぶし）を解いて、掌（てのひら）を合わせてみよう。「もういいわ」と見返りを断念したとき、すでに我が身に納まっていた「そのままのあなたでいい」という弥陀（みだ）の声に気づくだろう。その声が聞こえるとき、他でもないこの私自身が「ありがとう」と言える私となって救われているのだから。

07

自分を表現すること

ある話し合いの場で、自分を表現する難しさが話題になった。その中で、一人の女性の言葉が気になった。「これだけ表現しているのになんで私の気持ちを察してくれないのだろう」。

先日、和楽器の演奏会に出ることがあった。お箏、三絃（三味線）、尺八、みさと笛（横笛）など、さまざまな楽器の音が調和し、言葉を超えた音色を醸し出す。私は尺八を演奏したが、お互いに息を合わせ、それぞれ異なる音の響きの中で自分を表現するのだ。龍樹いわく「琴の弦の張りが強からず弱からず」。何ごとも両極端に陥らない中道の精神を説いた言葉だ。自分の音が強すぎては相手の領域に踏み込みすぎ、弱すぎては自分の音の存在意義がない。私たちは、周りの状態やそれぞれの音域、そして一人ひとりの気持ちを察し、その加減を微妙に調整しながら、浄土に響き渡る絶対和音へと少しでも近づこうとした。

浄土では、清風によって、茎・枝・葉・華・実から成る七宝（金・銀

白山市民音楽会
箏・三絃・尺八による
邦楽三曲演奏。

等々）の樹木が絡み合い擦れ合うことによって、絶対和音の奥深い音色を醸し出すという。ならば浄土ではなく、この穢土で私たちが音色を奏でるために必要なこととは何だろう。浄土真宗の声明は、他の宗派と異なり、唯一、聞かせる声明ではなく、お互いに声を出して聞き合う声明だといわれている。それ故、注意すべきは、「①声が良すぎてはいけない、②リズムが良すぎてはいけない、③物覚えが良すぎてはいけない」（堀田護）といわれている。

自分を表現することも然り、自分の声、リズム、物覚えが良いと思い込み、私一人の独演会になってはいないだろうか。「なんで察してくれないのだろう」と言う以前に、お互いに聞き合う関係において、この私がどれだけ相手の気持ちを察しているだろうか。私一人の独演会ではない対話のなかで、相手が何をどのように表現しているかを察してこそ、自分の表現が相手に伝わっていくのだ。

08

本当に引き継ぐもの

内報恩講で一人暮らしのおばあちゃんが語った。「子どもはみんな外へ出ていった。家やお墓をはじめ、このお内仏（仏壇）を引き継ぐものは誰もおらん……」。大切なものを長年必死で守ってきたと彼女は言うが、私たちが本当に引き継ぐものとはいったい何だろう。

ある講座で次のようなお話を聞いた。大学で学生を対象に「もしあなたの余命がいくばくもないとするならば次の何を大切にするか」というアンケート調査をした。「①形のある大切なもの」「②大切な活動」「③大切な人」「④形のない大切なもの」。はじめはザワザワとしていたが、しばらくすると教室は静まり、涙するものもいたという。そしてたった数十分だが、死と向き合った結果、多くの学生が「④形のない大切なもの」、次に「③大切な人」と回答したという。

形のない大切なものとはいったい何だろう。愛や慈悲など、それらを表現する言葉はさまざまだが、ことに限りあるいのちと向き合うときに見えてきたそれとは何だろう。

「法身(ほっしん)は、いろもなし、かたちもましまさず」

（『唯信鈔文意(ゆいしんしょうもんい)』、554頁）

本来、永遠・普遍の真実（法身）とは、色もなく、形もないもの。ただそれでは、具体的にどこへ向かい、何をすればいいのかわからないために、無量なるいのちという形をもたせたものがご本尊(ほんぞん)（「方便法身の尊形(そんぎょう)」）である。それは、自らの限られたいのちと向き合ってはじめて見えてくる真実へ導くはたらきであり、その真実のはたらきを賜ることによって、自らの限られたいのちを輝かせるのである。

長年、報恩講を勤めてきたおばあちゃん。「引き継ぐものは誰もおらん……」とは言うが、悲しみや苦しみ

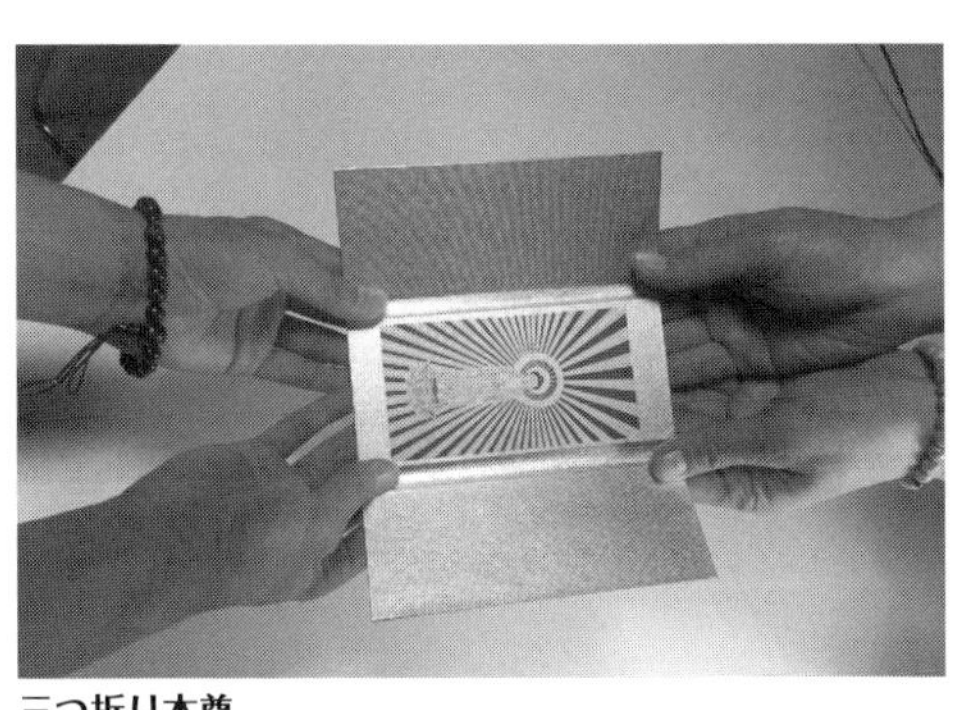

三つ折り本尊
親から子へ、子から孫へ。目に見えない本当に尊いものがご本尊を通して引き継がれます。ご本尊が引き継がれるために、仏壇や家が必要なのでしょう。

を乗りこえ、彼女自身が形のない大切なものを引き継いできた「身の事実」がある。それが願いとなって、後の人々を大切な方向へと導いていく準備はすでに整えられているのだ。

私たちが引き継ぐものは、家や仏壇そのものではない。それは形あるものを通して引き継いできた大切な人の願いであり、心の眼でしか見えない本当に尊いもの、いわば南無阿弥陀仏のおこころに他ならない。

09

仏さんにお任せ

昔から「仏さんにお任せや」が口ぐせだった八十一歳のおばあちゃん。久しぶりにお寺に来てくださった。「元気やったか」とたずねると、「あんまり元気じゃない」という返事がきた。「何か好きなことかしてないの？」とたずねると、何だか暗い表情で「この歳になったら何をしても一緒や。何も変わらん」とつぶやくように答えた。

当寺では月に二度、ストレッチ教室が開かれている。皆で「正信偈」を唱和した後、呼吸法にもとづくストレッチによって、日頃凝り固まっている身体をほぐしていくのだ。長年通っている方が言われる。「何をしても変わらんと思い、何度も挫折しそうになったけど、皆と一緒に続けてきて本当によかった」と。「何をしても変わらん」という思い込みを破るのは、やはり他人との交わりだったと彼女を見て思う。交わればこそ、同じように苦悩している他人が見えてきて、私自身の今が問われてくる。

浄土真宗では、目的地に到達すること自体ではなく、誰もが必ず到達

折り紙
歳を重ねるとは、長年、同じことを繰り返し積み重ねてきた証。紙を折り重ねることと同様に、歳を重ねることにより、にじみでる妙味が、私たちに深い味わいとなって届きます。

できるという仏さんとの約束を信じることによって、この瞬間をどう生きるのかが問われている。それは、私が仏さんに何でもお任せするのではなく、仏さんからすべてをお任せされている私がここにいるということなのだ。

いつもお寺に身を運び念仏を称えている九十五歳のおばあちゃんがおられる。毎日、畑仕事に精（せい）を出し、周りの人々との会話は欠かさない。同じことの繰り返しの日々でも、時には親戚の家にあった折り紙をみて、「これ私に教えて！」と好奇心は増すばかり。そんな彼女の表情は明るく、時々口に出てくるセリフも、先のおばあちゃんと同様、「仏さんにお任せや」だ。

「何も変わらん」と言って暗く過ごすのも今日一日。「これ教えて！」と言って明るく過ごすのも今日一日。さぁー、仏さんから千載一遇（せんざいいちぐう）のチャンスを任されている今日一日！「何をしても変わらん」と言って、暗い顔をして過ごすわけにはいかないではないか。

10

自立とは

無縁社会（ＮＨＫの造語）と呼ばれる近年、孤立するお年寄りが目につくようになった。「子どもの世話にはなりたくない」と言って、自立した生活を望む人も少なくない。と同時に、一人暮らしの孤独死の予防が叫ばれ、私たち一人ひとりがどのように最期を迎えるのか、改めて浮き彫りになってきたように思う。

ある月参り、一人暮らしのおばあちゃんとの会話である。

おばあちゃん「誰にも迷惑かけず、ピンピンコロリと逝きたいわ」

私　「そんなうまくいくかね」

おばあちゃん「だけど若い者の世話にはなりたくない」

私　「えっ、でも年金もらっているやろ。あれは若い世代から出てるのやぞ」

おばあちゃん「いや、ウチの子どもたちの世話になりたくないのや」

私　「それって、ただ頭を下げたくないだけじゃないの」

私たちの生活は、老いも若いも、数え切れない人々のお世話によって成り立っている。その事実を無視した自立などないように思う。

念仏が教える自立とはどういうことだろう。

「慶ばしいかな、心を弘誓の仏地に樹て、
　念を難思の法海に流す」

（『教行信証』、400頁）

理想と現実のギャップに振り回されながらも、慶ばしいかな、念仏を称える私にこそ、絶対に揺るがない大地が開けてくる。その大地に揺らぐ心を根付かせ、根を張りめぐらせれば、現実的に立ちはだかる課題に向き合えると同時に、どうでもいいプライドや自尊心を捨てて、思いをこえた法の海に受け流していけるのだ。するとお互いに「迷惑をかけるけどごめんね。いつもお世話してくれてありがとう」と、自然と頭が垂れてくるのだろう。

「周りに迷惑をかけたくない」ではなく、「私は迷惑をかけて生きているし、迷惑をかけられる人がいる」という信頼の中にこそ、老・病をはじめ、最期の死をどのように受け入れていくか、根本的な課題を大切な他者と共有し乗りこえていける。たとえ家族の事情で、周りに誰もいなくても、念仏を称え、手を合わせる中で現れる弥陀仏と、過去の記憶から蘇る有縁の人々とともに、自立できる浄土への方向が定まっていくのである。

本当の自立とは、自分の力を鵜呑みにして一人立つことではない。大きな仏力に身も心も委ね、他者のお世話になり、迷惑をかけずにはいられないとの自覚のなかで、お互いに支えられ、一人立って生きることなのだ。

11

「ただいま」「いってきます」の念仏の声

数年前に連れ合いを亡くし、一人暮らしを続けているおじいちゃん。今年もお彼岸の墓参りを済ませた後、私にこのようにもらした。
「毎日同じことの繰り返しや。家に帰っても、誰も迎えてくれる者はおらんわ……」。

古来、日本人は、太陽とともに農耕に精を出し、自然との共存の中で生きる術を模索してきた。一日懸命に働き、日没の夕日を眺めながら「おかえり」と迎えてくれる家路につく。そんな繰り返しの日暮らしにおいて、人生の終焉である理想の彼岸へ到ることを希っていたのだろう。

そもそも彼岸に到るとはどういうことだろうか。それは、死という終着点に向かって空しく進むことではなく、必ず「おかえり」と迎えてくれる如来への家路につくことである。欲望に縛られ、ただ時間に流される此岸（娑婆）から一歩踏み出し、今この一瞬をありがたくいただいていける安心を培うものなのだ。

毎日通う通学路
小学生は６年間同じ道のりを行く。でも毎日が新たな発見の連続です。

その一瞬とは、如来の家路につけばこそ蘇（よみがえ）るものであり、永遠につづいていく道のりの途中には、何一つ同じものはない。今日食べたものや話したこと、またテレビを観て笑ったり、久しぶりに子や孫と過ごした日常のたわいのないことが、この私にしか施（ほどこ）されない出来事としてキラキラと輝いてくる。

「毎日同じことの繰り返し」ではない。一人でも家路につくと、「ただいま」の声と同時に「おかえり」という如来の声に迎えられ、心豊かに今日一日を振り返ることができる。そしてまた、「いってらっしゃい」という如来の声に後押しされ、「いってきます」という自らの声が「南無弥陀仏」の念仏の声となって、充実した今日一日を送ることができるのだ。

12

生きる意味とは

寝たきりになってはや四年。そのご主人をやさしく見守る奥さんに問いかけられた。「生きる意味とは何でしょうか?」。

周りを見れば、定年を過ぎて元気に働いている人や、老後の趣味や旅行を楽しんでいる人がいる。「何で私たちが……」という不条理さを感じつつも内省しながら、次のように語ってくれた。「これまでは時間に追われてきたような生活だったけど、人生に立ち止まれた気がする」。

以前、禅宗の僧侶が、教員たちを対象にして「人間とは何か」という題目で講演したという。「教育に携わるものとして、実践的な教育につなげたい」「自らが成長したい」等、さまざまな期待をもって臨んだ教員たちだったが、その内容は、「人間とは、おまんま食べて、排泄して、死ぬことや」という話に、がっかりして帰ったそうだ。

さて、僧侶の言葉の真意とは何だったのだろうか。「人間とは何か」という問いに対し、例えば、「目的に向かって努力するもの」「いろんなことを学んで成長するもの」「たった一度の人生を自分らしく輝かすもの」等という答えを定義したとすればどうだろう。そこには理想の人間像を描くことによって、それに属さないものは人間ではなくなるという論理につながらないだろうか。その僧侶は、誰もが平等に施(ほどこ)される「おまま食べて、排泄して、死ぬだけ」という人間の本質を先ず見据えることにより、それらは決して当たり前のことではなく、こうして生きていることそのものの尊さを伝えたかったのだ。それ故、私たちは、理想から現実を見下ろすのではなく、現実としてある人それぞれの境遇を、私にしかない理想として輝かせる道を見つけることができるのだ。

寝たきりのご主人に人間の本質を教えられる中にあって、苦しい現実にこそ仏道に立ち止まり、「生きる意味とは何か?」という問いが生まれた奥さん。与えられた境遇を自分の生きる意味として輝かす歩みがすでに始まっている。

13

自分を好きになるために

自らの過去を振り返る。「あんなことをしなければよかった……」「あの時、なんで挑戦しなかったのだろう」等と、後悔の念が蘇ってくることがある。それらを未だに引きずっているからだろうか、どうしても自分を好きになれないときがあるように思う。

以前、ある人から「そんなにカッコウつけないで……」と言われたことがあった。その人の前で失敗したとき、必要以上に自分を装ってしまい、「でも」「だって」「どうせ」と言い訳ばかりしたようだ。それは、素直に自分を受け止められない弱さであり、正直な気持ちを誤魔化すことによって、本来の自分を見失い、自分を捨てている姿だ。

僧侶が纏う法衣とは元来「糞掃衣」といって、糞に塗れていらなくなった布を接ぎ合わせたものである。いらなくなった布とは、信徒の捨てたい過去であったり、認めたくない自分そのもの。布に託された願いを受け、それを法衣として纏う僧侶は、信徒の声を聞きながら、自他ともに手を合わせることによって、捨てたい過去や認めたくない自分をそのまま拾(ひろ)ってくれる処へと導いていくのだ。

「拾」の字は、手偏(へん)に合、つまり手を合わすと書く。大自然の海や山、神さまやお地蔵さん、そしてお釈迦(しゃか)さまや観音菩薩(かんのんぼさつ)などなど、手を合わせる処はさまざまだが、自分の意(おもい)をこえたものに出遇(であ)うとき、自然と手が合わさる。

意に沿わないといって素直になれず、結果的に自分を捨てていることに気づくことができれば、深い懺悔(さんげ)の心が沸き起こる。そこから聞こえてくるものとは何だろう。まさしくそれは、「あなたを拾う。捨てはしない！」と呼びかけてくる弥陀(みだ)の声であり、その声に応えることによって、本来の自分を取り戻していくことができるのだろう。

捨てたい自分は決してなくならない。ただ、それを拾ってくれる処、いわば念仏を称(とな)えることによって身も心も委(ゆだ)ねられる懐(ふところ)に飛び込めば、どんな自分であっても、そのままの自分として受け止められていた尊い存在だと気づく。そして、その瞬間にこそ、自分を好きになっていける不思議な扉が開かれるのだ。

14

何のためのお経なのか

ご法事のとき、一人のご門徒が「もっとお経の中味がわかるように唱えた方がいいのでは……」と言われた。その方は、仏教の教えに関心があり、儀式の場でこそ、お経の漢訳をただ音読するのではなく、日本語の現代語訳で伝えるべきだと言うのだ。

別のご法事で、「正信偈」を唱和した後、おばあさんが嬉しそうに語った。「あの小さな孫（小2）が、あんなに上手に唱えるなんて驚きました」。「正信偈」は老若男女、誰もが唱えるものだから、たとえ音程や声の質が異なる不協和音があってもかまわない。それよりも、誰もが仏の教えを聞く身になれば、おばあさんのように、お互いの心が一つになる瞬間を実感できるのだ。それはまた、現代社会のそれぞれ異なる生活環境の中で、考えや意見が違うもの同士でも、理屈ではない、心の響き合う人間同士であることを呼び覚まさせることになる。

さて、善導大師は、お経（「浄土三部経」）の読誦は、ただ名を称えるためだという。それぞれの雑念が入り混じる中、何の見返りも求めず、ただ名を称えるその一点において、周りの人たちと同じ空間と時間を共有する。その響き合う世界は、自分は決して一人ではない、亡き人をはじめ、周りに支えられて生きていると同時に、いつも心を塞（ふさ）いで周りの声を聞こうとしない自らの生活態度を振り返ることができるところなのだ。

確かに経典（きょうてん）の中味を学ぶことは尊い。ただ、それが学習の場ではなく、仏事という儀式の場であればどうだろう。その場とは、知識として経典の中味をつかもうとする場ではなく、経典を読誦する響きの中で、ただ念仏を称え、念仏を称えることによって〝ただ〟の私になるところだ。すると、日常生活の中で埋没していた不思議な時間と空間に包まれ、故人を偲ぶことで実感できる、私は生きているという尊い瞬間をいただいていけるのだ。

15

自分を否定した先に見えるもの

ある老僧が、さまざまな葛藤（かっとう）の末に語ってくれた。「わたしの人生は間違っていたのかもしれない」。これまでの人生を否定するかのような言葉の、その先に見えるものとは何だろう。

お寺やご門徒のため、家族のため、と言って懸命に働いてきた彼だが、ふと気づけば寂しさと空虚感（くうきょかん）が漂（ただよ）っていたと言う。「何のために頑張ってきたのか」「なんで誰も分かってくれないのか」と自問自答する中で、自分の積み上げてきたものが、単なるエゴ（自我）の結晶だったことに気づいたのだ。

我々人間はいったいどんなところで通じ合えるのだろう。善（よ）かれと思ってとった言動が逆に相手を傷つけてしまうことはないだろうか。ついつい自らの善意に溺（おぼ）れ、一方的な意見を押し付けていることはないだろうか。正論を唱えること、頑張って助けることが悪いのではない。自分を正当化し続けるあまり、逆に心を閉ざし、自らの言葉や行動を何一つ疑わないことが問題なのだ。

人生を振り返り、自我を映し出す念仏のはたらきによって、信じて培ってきたものが何の拠り所もない単なる虚構（偽り）に過ぎなかったと気づくとき、積み重ねてきた功績が音を立てて崩れていく。その先に見えるものは、自分が否定されたダメ人間ではない。深い懺悔の中で、相手を敬い受け入れる寛容さを手に入れ、分け隔てなく無限に通じ合える新たな世界が開けるのである。

そんな浄土への道を踏み出したとき、これまで培ってきた功績が私自身の尊い足跡となり、家族やご門徒をはじめ、誰の目にも輝いて映ることがあるだろう。

16

死んだらどうなるか

ある坊守さんが、友だちから次のように言われた。「死後の世界を誤魔化して、今を生きよと言うのはあまい。真宗はもっと、死んだらどうなるかを明確に示すべき」と。

確かに宗教は、死後の世界と切り離すことはできない。では、実体的な来世への生まれ変わりを想定して考えてみよう。「善因善果」「悪因悪果」による輪廻転生説にもとづくならば、死後のより善い来世のために、現世で善行を積むというのだろうか。それでは、来世の幸せにのみ価値があり、同じ時代・社会に生きている人々を見ようとせず、今を生きる苦しみから逃れようとしているだけではないか。

本来、仏教は生まれたことそのものを苦しみと捉える。それ故、苦しむことが生まれた証であり、逆に死ぬことは苦しみから解放されることである。死後は苦しみから解放される浄土へ往くことが定まっているならば、現世を生きている間は、悩み戸惑いながらも、安心して一度限りの人生を自分らしく生きることができるのだ。

さまざまな苦しみを乗りこえてきたご門徒が、いまわの際に言われた。「私にはあの世で待っている人がいるから、正直に言って、死はあまり怖くない。だけど体の弱い孫のことが心配でね」。あの世とは、他者への温かい眼差しが生まれるところであり、あの世で待っている人がいるとは、この世で大切な人に出遇えた何よりの証である。そんな安心感から、もう私は善い来世をいのる必要はなく、ただあるのは、浄土へ帰ることによって私の願いが後の人々に受け継がれる後世だけである。

死んだらどうなるのか。それは後世をいのる念仏の声となって、後の人々を確かな方向へと導くものになる。すでに浄土へ帰られた過去の人々が、未来の人々のためにいのる。その真ん中で現在を生きる私がこの瞬間を輝かせながら自分らしく生きることこそが「生まれた意義と生きる喜び」となっていくのだ。

17

心の重荷がとれる念仏の音

「念仏を称えてください」と何気なく声をかける。すると疑うような眼で、「念仏を称えてどうなるのですか」という答えが返ってきた。

以前、代理母出産をされた丸岡いずみさん（ニュースキャスター）のことが話題になった。数々の苦難を乗りこえつつ、彼女はうつ病を患ったらしい。それでも、ご主人の有村昆さんの言葉に救われたという。「うつを乗り越えなくてもいい。うつ病は、いずみの個性の一つなんだ」。ご夫婦の信頼関係の中でこそ響いた言葉なのだろう。彼女は「あの言葉で〝ストーン〟と心の重さが取れた」と述懐されたのだ。

仏教は身と心のバランスの問題を説いている。例えば、自らの身に老・病・死という無常の風が容赦なく押し寄せる中、「こんなはずじゃなかった！」「何でこんな目に遭わねば！」等と、意（心）に沿わない「身の事実」を素直に受け入れられず、身と心のアンバランスによって、苦しみのどん底に沈んでしまうことがある。この身はうそ偽りなく、ありのままの事実を受け入れているにもかかわらず、不信の心がそれを遮ってしまうのだ。

念仏を称えるということは、先ずこの身を弥陀の前に置くことによって、自らの心を仏地に樹たせ、その根をしっかり張り続けることだ。そして、理想の心に身の事実を合わせるのではなく、すでにある身の事実に心を合わせるようにすれば、心の痛みを伴いながらも、本当に大事なものに目覚めていける。

「念仏を称えてどうなるのですか」。どうなるわけでもない、だからこそ先ず念仏を称える。称え続ける身に、心が合っていくだろう。「ストーン」と、心の重荷が取れる念仏の音とともに。

18

存在自体の響き合い

ある方から聞いた話である。里帰りしてきた小学生の外孫は、その光景に衝撃を受けたという。同じ年頃の内孫アー君（仮名）が、夕食時、祖母を背負って台所へ運んでいたのだ。外孫がたずねる。「体が動かないのに、なんで施設に入れないの？」。

日常生活に功利性や合理性を追求するようになり、介護施設や病院等のサービス業も追従（ついじゅう）しつつある。また、その傾向に従って、老いや病を抱える人間の姿が見えにくくなっていくように思う。核家族化が進む中で、たとえ親であっても、老いては施設、病んでは直ぐに病院、死ねば葬儀屋へ連絡するという割り切った考えによって、老病死という私自身の課題が他人事（ひとごと）のように映ってはいないだろうか。

近所のおばあちゃんが、ひ孫との会話をうれしそうに語ってくれた。「ばあちゃん、歩けないの？」、「ゆっくりなら大丈夫や」、「そんなら僕が、手を引いてあげる」、「ありがとうね」。老いていく「身（み）の事実」が、温（ぬく）も

ひいばあちゃんの畑
ババちゃまのつくる野菜はおいしいね。
いつもおすそわけ、ありがとう。

りをもった言葉と言葉の触れ合いの中で、人としての思いやりや優しさを育んでいる。

あのアー君は、祖母の身体と一緒に何かを背負っているのだ。老いていく身と成熟していく身の肌と肌との触れ合いは、ただ存在するだけで響き合える阿吽（あうん）の呼吸の中で生きている。

「なんで施設にいれないの？」。いずれお世話になる時が来るのかもしれない。ただ、アー君は、祖母と一緒に背負ってきた念仏の声とともに、言葉では言い表せない人間本来の響き合える世界を生きているのだ。

19

讃嘆し合う声

「毎日、何もすることがない、お先真っ暗や……」。重い病を抱えているご門徒がつぶやいた。

先日、念仏者の医師、田畑正久氏の話を聞く機会を得た。末期癌の女性患者（五十代）の話である。「目を開ければ鬼が来る。目をつぶれば地獄が見える」と苦しんでいるとき、近くの病室のおばあさんが足繁く訪れ、「死は怖くないよ。お念仏を称えなさい」と言い寄ったそうだ。彼女は、念仏を称え、最後は笑顔になって、穏やかに浄土へ帰ったと言う。

なぜ念仏を称えて笑顔になれるのだろう。無論、病気がよくなるわけはなく、死から逃れられるわけでもない。ただ、声を出すという意思表示は、同朋との出会いとなり、その輪の中に身を置くことによって、お互いの苦しみを共有していく機縁となる。「自分はもう一人ではない！」、そんな同朋の支えによって、病や死という厳しい現実と向き合えば、鬼と地獄を生み出していたのは、他でもない、この私自身の煩悩の為せる業（わざ）であったことに気づかされる。すると、来る鬼が友に変わり、地獄がお互いを讃（たた）える極楽へと転じていくのだ。

たとえ苦しくても、「お先真っ暗や……」ではない。そう思うこと自体が真っ暗であるという自覚から出る念仏によって、深い絶望の中にも一筋の希望の光が差し込んでくる。それ故、「何もすることがない」と言っていた私も、目の前の〝あなた〟や、お世話になった〝あの人〟を讃（たた）えれば、なぜか笑みがこぼれてくる。毎日、弥陀（みだ）の名を称え、自他ともに讃嘆（さんだん）し合える念仏には限（きり）はない。

20

共有するための念仏の声

近年、通夜・葬儀の席でも、念仏の声が聞こえない。「声に出して」という強い思いはあるのだが、どこかで「まあ、いいか……」と諦め、念仏の勧めをためらう自分がいるのだ。

ある僧侶が話された。お内仏の給仕を欠かさないおばあさんの荘厳が、月日を経て変わってきたと言う。花瓶が、重い真鍮から陶器へ、終には軽いプラスチックの容器になる。ご本尊下の奥に供えるお仏飯が、手前の方に置かれる。体力の衰えから、本来の荘厳の形を自力では保てなくなってきたらしい。その僧侶はそれでもかまわないのでは、と言うのだが。

さて、お内仏の作法とは何だろう。確かに、正式な形にこだわる必要はなく、できる限りの荘厳があって然り。ただ、「何のための誰のための荘厳か」を問えば、自らがいただく尊いものを確かめ、それを荘厳によって周りの人たちと共有していくものなのだろう。

聞けばおばあさんは家族と同居している。若い者に対して、「花瓶とお仏飯を供えてくれんか」と一声かければ済むものを、「迷惑かな」「言っても嫌がるかも」等、自他ともに、躊躇せざるを得ない不信感があるようだ。彼女がいただく尊いものを、周りの人に伝えられない姿が、「声に出して」と念仏を人に勧められない今の自分と重なってくる。

荘厳を前にして問う。本当に尊いものは、私が伝えるのではなく、荘厳という形となった仏力によって伝わる。そう頷けるとき、また新たに念仏を勧める第一歩を踏み出せるのだろう。

21

自分になれる資格

「こんなに〝しんどい〟ことが死ぬまで続くなんて、資格をとることが重い」。住職になるためにさまざまな課題を突きつけられ、もう後戻りできない女性僧侶の言葉である。

以前、顔見知りの京都のそば屋を覗いたとき、長年、大将の片腕として働いていた職人が辞めていた。

私が「○○さん、今もそばを打っているの?」と聞くと、「知らんな……」と大将。「もったいない、これまで、そば一筋でやってきたのに」という私のつぶやきに、大将は次のように言い放った。「あいつは、そば屋にすらなれなかった」。

「願を発して仏道を求むるは
三千大千世界を挙ぐるよりも重し」(龍樹)

何か一つの資格を手にし、何の疑問も持たずに人生の終焉を迎える人もあるだろう。しかし、生涯をかけて極めるものに出遇ってしまえば、それはこの世全体を担う重さとなって我が身に降りかかり、私一人の問題ですらなくなる。得た資格が「何のためのものなのか」「誰のためのものなのか」、それ以前に〝問い〟をともなう行為そのものが、周りに多大な影響を及ぼしていく。具体的にあなたの仕立てたそばが、どれだけの多くの人を笑顔にしてきたことだろうか。

〝しんどい〟ことが死ぬまで続くのではない。生涯をかけて極めるべき資格が見つかったのだから、その重さを一人で担う必要はなく、互いに分け合う〝友〟に出遇おう。そして、〝しんどい〟が〝生きがい〟へと転じる教えを請うていこう。そんな歩みが、本当の自分になれる仏道の資格となる。それはすでに私の身に具わっているものなのだから。

22

本当に求めている処

知り合いの前坊守（ぼうもり）が、突然、見知らぬ来客があったと語ってくれた。「お寺の本堂で泣かせてください。私には泣く処がないのです」とその客は言う。何があったか分からないが、帰り際、「私が悪かったのです」と言って、穏やかな表情で帰ったそうだ。

人間関係が希薄化する現代社会、自らの悩みを一人でも聞いてくれる人がいたらどれだけ安堵（あんど）することだろう。周りがアスファルトのように乾ききった関係ならば、ただ残るのは、やり場のないストレスと辛（から）くて苦（にが）い涙だけなのかもしれない。

あの来客は、なぜ涙する場所を求めていたのだろう。それは、どこかで自らの非を認め、自分に素直になれる機会を模索していたのではなかろうか。「私は何も悪くない」「すべて〜のせいだ」と正論を唱え正義を振りかざしてしまうと、逆に本当の自分を見失ってしまうことがあるのだ。

近所の大豆畑
大地に根を張り、土からの栄養を精一杯に吸い取って実を結びます。見慣れた光景でも、よくよく観れば、そのすがたは美しく、色も輝きを放っています。

「俺が俺がの我を捨てて、お蔭お蔭の下で生きろ」（良寛）

しがみつく手を振り解き、お蔭様と頭が下がった目の前にあるのは、いつも黙って我々を支えている土だった。土は、どんな汚物や排泄物も吸収し、それを栄養にして肥沃な大地へと変えていく。そんな大地の恩恵をいただいて、頭が下がるしかない私であったという気づきが、懺悔の慈雨となって涙し、心の土壌を潤していく。すると、いつも踏みしめていた穢土が、そのまま浄土へと転じていく道が開かれるのだ。

　我々が本当に求めている処とはどこだろう。それは、自分をそのまま受け入れてくれる処、という以前に、正直に自らの罪を告白し、素直に涙する処なのだろう。

23

ありのままの自分

若くして癌を宣告された方がつぶやいた。「こんなにお参りし、布施をしてきたのに、なんでこんな目に遭わねばならないのか」。厳しい現実を前にすると、称えてきた念仏すら何の役にも立たないという割り切れない感情の声なのだろうか。

昨年、ご門徒の残念な言葉を聞いた。「ずーっと、お参りしてきたのに辛いことばかり……、もうお参りしても一緒だから、月参りはいりません」。また、別のご門徒が、「どれだけ布施をしても、体調はよくならない。申し訳ないが改宗します」。彼らは、「念仏とは何か」という私の問いかけに、一向に耳を傾けてくれなかった。

さて、念仏の対象である如来とは何だろう。それは、どこかにいる立派な人だとか、願いを叶えてくれる存在などではなく、ありのままの「如」から来たものであり、それが我が身の具体的な事実となって現れることである。

そもそも仏を念じるとは、我を念じること。それは、不幸にならない我、病気が治る我ではなく、ありのままの「身の事実」として引き受ける我を念じることにより、それを、ありのままから来た如来の智慧として感得することなのだ。

遅かれ早かれ、誰にでも私にとって本当に都合の悪い〝如来〟が現れる。それ故、これまで通り、念仏を称え続ければこそ、「なぜこんな目に遭わねば……」ではなく、「こんな目に遭ってこそ……」という、人間の知恵から如来の智慧へと転じていける。

如来の智慧とは、割り切れない不如意（思い通りにならない様子）の中にありのままの自分を受け止め、本当の自分になっていける一筋の希望の光を見出すことなのだ。

24

後生の一大事をこころにかけて

家族への愚痴が絶えないおじいちゃん。「あいつらお参りせんわ」と言うので、私が「じいちゃんが死んだら、そっち（仏）の方へ向くかもよ」と言う。すると、「そんなこと信じられん。わしゃ、どうすればいいんやろか」と悲しげにつぶやいた。

二年前、伯父が亡くなった。思い起こせば、よく酒を喰らい大声で講釈を垂れ、面倒くさい人だった。通夜説法を頼まれた時、何を話せばいいのかと、直前に喪主の従弟に聞いてみた。「お前にとって親父はどんな人やった？」。少しの間があり、彼は静かに口を開いた。「ただうるさいだけやった」。

さて、蓮如が云う「後生の一大事」とはどういうことだろう。

無論、死んだ後、再び人間の身となってこの世に誕生することではない。すなわち私の生きた証が、死後、どのように後世に生まれ伝わっていくかという一大事である。この世に生を受けた誰もが、「何

伯父てっちゃんが好きだっだお酒
能登から白山へ、吉田酒造さんのお店が開く前から駆け付けます。周りからは、朝早くから大声を出すので、「にわとりごぼさん」と呼ばれていました（ごぼさん＝お坊さん）。

を大切にしてきたか」、「どんな人に出遇ってきたか」等々、かけがえのない生き様となって、後の人々をさまざまな方向へと導いていく。私自身の今生の生き様が問われているのだ。

伯父は、確かに「ただうるさいだけ」だった。が、よく働き、温もりを持った真宗の教えに熱い人だった。そう回顧できるのは、生きる要となる念仏を我々に残して逝ったからなのだ。あの従弟も、歳を重ねれば、ただうるさかった声が、自らの歩みを促す尊い声となって聞こえてくるときがくるのだろう。

人は誰でも、生きている間にすべての答えを求め過ぎているように思う。本当に大切なものは、私の死後にしか伝わらないことがある。後生の一大事を心にかけ、「今生をいかに生きるか」という問いかけのもと、ただ念仏申すべきものになることが願われているのだ。

第2章
『顕浄土真実教行証文類』の言葉との対話

■本文中に掲載に掲載している『教行信証』などの原文は、『真宗聖典』（東本願寺出版部）による。
また、算用数字で表記した頁数（例：215頁）は、『真宗聖典』の掲載頁数を示している。

一、正直に生きる

――真を宗とする生き方――（総序）

> 真宗の教行証を敬信して、特に如来の恩徳の深きことを知りぬ。ここをもって、聞くところを慶び、獲るところを嘆ずるなりと。（150頁）

真宗の教行証を敬い信じて、特に如来の恩徳の深いことを知った。このことをもって、聞いたところを慶び、獲たところを嘆めたたえるのである、と。

（東本願寺出版『解読教行信証　上巻』五頁。以下、本書体による現代語訳は同書による）

親鸞の根本主著『顕浄土真実教行証文類』（以下『教行信証』）は「教巻」「行巻」「信

巻」「証巻」「真仏土巻」「化身土巻」の六巻より構成されています。親鸞が五十代前半から書き始め、晩年に至るまで改訂し推敲し続けた書物だといわれています。撰述の背景には、専修念仏に対する国家権力の弾圧や、当時から専修念仏を非難していた僧侶たちの存在があります。南都六宗（法相・倶舎・三論・成実・華厳・律）や平安二宗（天台・真言）をはじめとする僧侶たちに対して、専修念仏の教えが正統の仏教であることを理解させるために、経典や論書によって浄土真宗を体系化して顕し、その真意を客観的に論証していくのです。すなわち親鸞自身のはっきりとした見解、いわゆる「仏教とは何か」という要点を基軸として、浄土真宗の真意をさまざまな教えの言葉（文類）に語らせていくのです。

皆さんは、周りとの人間関係において、自らの正直な気持ちに背いて行動していることはありませんか。地域の団体や会社組織に所属する中で、保身のために本音を隠したり相手に迎合したり、権力におもねるような生き方をしていませんか。

数年前にブレークしたテレビ番組に、『半沢直樹』（TBS系二〇一三年より）と『ドクターX外科医・大門未知子』（テレビ朝日系二〇一二年より）があります。「倍返し」や「私失敗しないので」の名ゼリフは、人間の憎悪や傲慢さを容認するという点では仏教と相いれない面もあるのですが、二人の主人公は、組織という枠組みの中に埋もれることなく、また上下関係の権力に屈せず、銀行マンとしてまた医者として何をすべきか、そして一人の人間としてどのように生きたいのか、そんな生き様を描いたドラマでした。あれだけ反響があったのは、私たちの中にある正直に生きたいという思いと、どこか共感するところがあったからだと思います。

『教行信証』が撰述された理由はさまざまですが、法然の意志を引き継ぎ、結局は、親鸞自身の正直に生きたいという想いから生まれた書物だと思います。その想いが形となり、現に私たちのところにまで届いている事実は、正直に生きるという生き様として、「聞いたところを慶び、獲たところを嘆めたたえる」、そういうあなた自身になっているのかが問われているのだと思います。

二、自身へふり向ける眼　――二種回向について――（教巻①）

謹んで浄土真宗を案ずるに、二種の回向あり。一つには往相、二つには還相なり。（152頁）

謹んで浄土真宗について考えをめぐらすと、二種の回向がある。一つには往相、二つには還相である。（八頁）

浄土真宗は往相・還相の如来の二種回向によって貫かれています。そもそも回向とは、「方向を変えること」（方向転換）と「内容を変えること」（内容転換）の二つだといわれています。転換ということでいえば、外へ向いている眼を自身へと振り向けることにより、自らが変わり、成熟し続けていけるのです。同時にその存在そのものが、他者とのかかわりの中で、必ず周りに何らかの影響を及ぼしていきます。

以前、本誓寺前住職（白山市）の松本梶丸氏が次のようなお話をしてくださいました。氏のお寺には有名な幽霊の掛け軸があります。その幽霊は非常に恐ろしい目をしています。あるご婦人がその目をみて、「うちの嫁が、この幽霊と同じ目をして私を見とる」と言ったそうです。また後日、別のあるご婦人がその目をみて独り言をいいました。「私は、こんな恐ろしい目をしてうちの嫁を見とった」と。

「あなたのここが悪い！」と人を批難しても、内心では「自分にもそんな悪い面があるのでは……」と思ったり、「アイツは何であんなことをするのか！」と相手を責めながらも「自分があんなことを言ったからかな……」と気になったり、常に自身へとふり向ける眼を向けることができるのが、回向されているということです。外へ向ける眼は自らの心を縛り頑なにします。しかし、自らの内側の相を映し出す眼は、辛く悲しくもあり

「幽霊」石田友汀（1756～1815）作（本誓寺蔵）
目が合うと、だれもが怖いと言います。自分の本心が見透かされているようです。

ますが、自らのあり方を柔軟に変化させ成熟させ続けることができるのです。

弥陀仏を究極の帰依処とし、如来の回向に貫かれる真宗とは、「経教はこれを喩うるに鏡の如し」（善導『観経疏』）という言葉のごとく、弥陀の教えを、自分を映し出す心の鏡のようにとらえて拠り所とする生き方です。逆に弥陀の教えに背を向けると、自分の足元が見えなくなり、心の軸がぶれてしまいます。先ほどの恐ろしい幽霊は、弥陀仏の教えに背を向ける人間の生き様をあらわしているのかもしれません。松本氏が言われるには、その幽霊は、後ろ髪が長く、手が前にあり、そして足がないのが特徴です。後ろ髪が引かれる思いでいつも後悔してばかり、何かを掴もうとして未来を心配してばかり、そして地に足が着いていないことから、今この現在を生きていない今日の人間の姿だというのです。あの幽霊を他人ではなく自分のすがたとして素直に見る眼をもてば、自分を、他人、時代、社会とのつながりの世界から切り離しているのは、他でもない自分自身であることに気づいていけるのです。

ある方が仰いました。「これまで会社や家族のために懸命に頑張ってきた。今振り返れば何もない……」と。懸命に頑張ってきたのに、空しさや孤独感がただようのはどうしてでしょうか。その方は、競争社会にもまれる中で数字や業績ばかりを追い求めてきた結果、無意識の内に自らを縛り、周りとの関係をおろそかにしてきました。しかし、「今振り返れば何もない」と立ち止まれたのだから、生きる方向の転換となる念仏を称えることによって、自分しか見えなかった私が、自分以外の他人が見えるような私へと転じていけるのです。

「人の手本にはなれないが見本にはなれる」（高光大船）

誰もが他者とのかかわりの中を生きているが故に、能力や努力に関係なく、誰一人として欠かすことのできない尊い存在です。如来の回向に出遇うことによって、自分ではなく他者の頑張ってきた足跡が見えてくる。すると、自分の頑張っている足跡も素直に受け入れられる確かな歩みとたまわれるのです。

三、機が熟すことによって出遇う教え
―『法華経』から『大無量寿経』へ―（教巻②）

> **それ、真実の教を顕さば、すなわち『大無量寿経』これなり。**（152頁）

さて、真実の教が顕されているのは、『大無量寿経』である。（八頁）

親鸞は、数多くある経典の中で真実の教えを顕しているのは『大無量寿経』（以下『大経』）だと明言しています。厳密に言えば、他の経典と比べる優劣の観点から真実の教えを定めたというのではなく、真実の教えは『大経』を通して親鸞のところにまで届いた

ということです。

その背景には、中国仏教の基盤にある教相判釈（教えの相を判別して解釈を施す）の教えが影響しています。

「それ（教相判釈）は、経典をすべて釈尊の生涯において説かれた教えであるとして、その教えの順序次第はどうであったかを見究める努力であった。またそれは、説き方や内容が相違する種々の経典の教えを分類整理し、そこに一定の体系を見出して、その究極となる教えを見定めることでもあった。」

（東本願寺出版『大乗の仏道』二四四頁）

インドから中国へ大量に流入した経典は、『阿含経』群、『般若経』群、そして『維摩経』、『華厳経』、『涅槃経』、『法華経』等々、「八万四千の法門」という言葉であらわされています。それらは釈尊と弟子の一対一の問答を基本にしており、釈尊が相手の機（性格・能力）に応じて法を説いたために、その内容や説き方はさまざまです。

中国では天台智顗（五三八～五九七）が『法華経』を究極の経典として判釈し、それが日本の奈良・平安仏教に伝わりました。日本の仏教においても、『法華経』は、読まれてきた歴史の長さからいっても、最も広く名の知られている経典だといわれています。そして親鸞は、比叡山で最澄（七六七～八二二）の天台教学を通して『法華経』を学んだのです。

それでは、『法華経』と『大経』との基本的な違いとは何でしょうか。仏教の「すべての人々が仏に成る」という一貫した教えの中で、数多くの経典が記されましたが、釈尊がこの世に生をうけた理由（出世本懐）、いわば最終的に仏教の目的が明らかにされている経典は『法華経』と『大経』です。ただ『法華経』は、仏の慈悲によって一切の衆生を救うといっても、その対象は主に出家の仏弟子（声聞）が中心であり、また成仏するための具体的な方法が統一的に示されていません。それに対して『大経』は、弥陀の本願という仏のはたらきを明確にあらわした上で、救われる対象はどこまでも極悪深重の凡夫であり、何よりも念仏によって浄土へ往生し、往生によって成仏するという確実な道が説かれています。※

親鸞は、『法華経』の学びを中心とした比叡山を下り、それから『大経』の学びを中心とした吉水教団の法然のもとへ行きました。機が熟し新たな世界へと一歩踏み出すことを決断した親鸞にとって、同じく出世本懐を説く『法華経』と『大経』であっても、明らかに異なるものとして見えてきたのでしょう。

両経に出世本懐が説かれる背景を見比べると、釈尊は、『法華経』では、仏弟子舎利弗の三度の要請に応じて、いまだ真実の教えを受け入れられない状態にある大勢の者たちを対象に説かれるのですが、『大経』では、阿難の無意識に発した問いかけを契機として仏弟子一人を対象に説かれるのです。「仏教の教えとは何か」という根本的な問題と向き合う中で、両経が説かれるきっかけとなった問いかけを確かめてみると、舎利弗の自意識からの問いかけは、どこまでも言葉や理屈で教えを理解しようとするものであり、その問いに答えてもらったからといって、舎利弗をはじめ他の者たちの行動が変わるわけではありません。実際に五百人の声聞は、釈尊の教えをわかったこととして思い込んでおり、真実が説かれる前に退席してしまいました。それに対して無意識からなされた阿難の問いかけは、はじめて仏としての釈尊に出遇(であ)わせ、具体的な行動へと立ち上がらせたのです。釈尊に出遇ったことにより機が熟したのではなく、大事なことに目覚め機が熟して起ち上がった阿難が、生きている輝きをともなった釈尊に出遇い、さらには釈尊を通して弥陀仏の本願に出遇うこととなったのです。

ただ、誤解してはいけないのは、親鸞は『法華経』に異(い)を唱えたわけではないということです。自身の救いを追求する上で、「『法華経』を究めれば究めるほど、自ずと『大経』に帰結(きけつ)せざるを得なかった」※のです。なぜなら、人それぞれが能力や性格に関係なく、機が熟したときに平等に出遇う本願念仏の教えが、まさしく『大経』に説かれているからなのです。

※横超慧日著『法華経序説』（法藏館）附「法華経より無量寿経へ――親鸞聖人の求法過程を思うて――」参照。

四、お釈迦さんはどこにおられますか？

——二尊（阿弥陀仏と釈尊）の教え——（教巻③）

この経の大意は、弥陀、誓いを超発して、広く法蔵を開きて、凡小を哀れみて、選びて功徳の宝を施することをいたす。釈迦、世に出興して、道教を光闡して、群萌を拯い、恵むに真実の利をもってせんと欲してなり。（152頁）

この経の大いなる意義は、阿弥陀仏が、誓いを超発し、広く法蔵を開き、凡夫を哀れんで、功徳の宝である名号を選んで施してくださり、また釈迦が、この世に出興れ、仏の教えを広くあきらかにされ、群萌をすくうために真実の利益を恵も

うと欲われる、ということにある。（八頁）

ご門徒を対象にした「真宗入門講座」と題する研修会に参加しました。お寺やお内仏の荘厳を中心に、ご本尊やお脇掛け（十字・九字の名号や親鸞聖人・蓮如上人の絵像）、そしてお寺のお内陣に掲げられた聖徳太子や七高僧のお話がありました。研修会の終了後、一人のご門徒が歩み寄ってきて、「すみません。皆さんがいる前では恥ずかしくて聞けなかったのですが……」と言うので、お聞きすると、「そもそも仏教は、お釈迦さんから始まったのでしょ。お寺や家のお内仏には阿弥陀さんがおられますが、お釈迦さんはどこにおられますか?」と問いかけられたのです。

お釈迦さん、釈尊の立場をどのようにとらえるのか。すなわちさまざまな「仏説」（経典）をどのように判釈（判定し解釈すること）していくのか、それは古来より伝わる各宗派の、もっといえば、仏教徒として生きる一人ひとりの根幹にかかわる大切な課題です。一貫して衆生を「成仏」へと導くために説かれる釈尊の教えは、仏弟子それぞれへの対機説法（一人一人に合わせた説法）を基本とするため、聞く人によって内容が異なってきます。それ故、その人、その宗派によってご本尊（帰依処）が異なっているのです。ならば浄土真宗は、釈尊の教えをどのように捉え、どのような視点からご本尊を阿弥陀仏と定めるのでしょうか。

そもそも釈尊の根本的な教えは、「縁起の理法」（すべての存在は縁って起こる）だといわれています。この世に生を受けたこともご縁であり、老いること、病むこと、そして死ぬことすべてがまたご縁なのです。その道理からいえば、ご縁のままに老い、病み、そして死んでいけばいいのですが、人間はそんな単純な生き物ではありません。老病死ということを道理としては理解できても、実際に目の前に打ち寄せてくる悲しい現実は簡単に受け入れられるものではないのです。いつまでも若く、健康で、長生きしたいと思うのが人の素直な心情ですから、思い通りにならないものを思い通りにしようとする理想と現実のギャップに苦しむのです。

すべては思い通りにならず、自力ではどうにもならないという自覚に立つならば、今ある現実をそのままの事実として受け入れていかざるを得ないと諦めるしかありません。否、事実として諦め、それが真実であることがあきらかになるのです。ただ、真実をあきらかにするために釈尊が勧めるのは、善行を積んで苦悩なき理想に近づいたり、努力によって苦しみを取り除き克服するということではありません。現実の苦しみを受け止め、自分の弱さ愚かさを知ったときに聞こえる呼び声によって救われていくというのです。その呼び声が形・すがたとなってあらわれたのが「南無阿弥陀仏」という名号であり、絶対他力の阿弥陀仏に他なりません。

そういう現実的な受け止めから、誰もが救われる真実の教えへと導いたのが釈尊でした。釈尊が真実の教えとして終極的に導いたのは、『華厳経』が説く「法界縁起」でもなければ、『法華経』が説く「一乗思想」でもありません。ましてや『般若経』に説かれる「空の思想」でもないのです。それは『大経』に帰結することによって弥陀一仏の帰依を説くものでした。まさしく救主である阿弥陀仏への帰依を勧めるのが教主の釈尊であるという二尊の形による教えです。釈尊は、仏教の創始者ではなく、過去無量よりあった真実に目覚め、それを私たちに直接教えて勧めてくださった尊い方です。その教えに促され、南無阿弥陀仏の名を称えるところにこそ、釈尊は弥陀仏とともに、またあらゆる諸仏とともにおられるのです。

では釈尊は、浄土真宗の儀式的な形の上では具体的にどこにおられるのでしょうか。京都のご本山では、釈尊は御影堂門の上におられ、阿弥陀仏への帰依を私たちに勧めておられます。また真宗のお寺では通常前卓に、釈尊が説かれた浄土三部経が安置されています。すでにこの世におられない釈尊ですが、いまだ私たちの中に生きている「教え」となってあらわれているのです。そして、各家のお内仏には、常に経箱（「正信偈」と「三帖和讃」）が安置され、その教えを引き継ぐために、法事や月参りなどで僧侶を家に招き、そしてお経をいただきます。私たちがともにお経をいただき念仏を称える、その声の中にこそ釈尊は弥陀仏とともにおられるのだと私自身は理解しています。

五、問いの輝き（教巻④）

『大無量寿経』に言わく、今日世尊、諸根悦予し姿色清浄にして、光顔巍巍とましますこと、明らかなる鏡、浄き影表裏に暢るがごとし。（152頁）

『大無量寿経』にこう言われている。今日の世尊は全身に悦びがみちあふれ、お姿は清浄らかであり、光りかがやくお顔が崇高であられることは、明らかなる鏡に映る浄らかな影が表裏まですきとおってみえるかのようでいらっしゃいます。（九頁）

十大弟子の「多聞第一」といわれる阿難は、約二十五年間釈尊の傍におられました。阿難が、ある時突然、釈尊に問いかけます。「なぜあなたのお顔は光り輝いているのですか」。この問いかけは、はじめて阿難が仏の教えに出遇い、釈尊を単に偉人として尊敬するのではなく、仏として仰いだことをあらわしています。

日常には、いろんな場面で他人に問いかけることがあります。ただそれは、すぐに答えられたり、合理的に解釈できるような問いです。例えば、「あなたはきれいなのはなぜ？」、「それは毎日身だしなみに三十分以上かけ、洋服選びに細心の気を配っているからです」。「このお酒はなんでおいしいの？」、「それは上質な米と水があり、杜氏の特別な技術で発酵して」云々というようなことです。確かに日常生活には言葉のキャッチボールが基本にあるのですが、単純に「あなたがきれい！」「お酒がおいしい！」「そうだね」と感銘するときは、お互いに共感し合い、溌溂と生きている実感を抱きやすいのかもしれません。

生きている実感を抱くことと、仏の教えに出遇うこととは決してかけ離れたものではありません。ただ、生きていることに抱く実感をそのまま言葉にあらわすのは必ずしも簡単なことではないのです。それは、真実が簡単に言葉で言いあらわせないことと似ています。例えば、「なぜ法事をするのか?」「南無阿弥陀仏って何?」等、仏教の本質について問うても、それに対する科学的合理的な答えはありません。ですから対話や問答を繰り返しながら、お互いに自分の思いを深め確かめ合うしかないのです。それまで知らなかった自らの心の領域へと踏み込むことにより、言葉や理屈をこえて、自分が素直にうなずけるものと出遇うことができる。その時、本当の意味で生きている実感を抱くということもあるのでしょう。

さて、阿難の問いかけは、具体的に、それまでいた釈尊の傍から起(た)ち上がることによって、素直にうなずけるものに出遇い、新たな自立の歩みが始まったことをあらわしています。逆に言えば、それまでの阿難は、釈尊の傍にいても、実際は本当の教えに出遇っていなかったのです。いつでも釈尊の話を聞いていたから、誰よりもわかっていたつもりになって、傲慢(ごうまん)で偏(かたよ)った見識によって生きる阿難がそこにいたのかもしれません。しかし、ある時突然、機が熟し無意識のうちに釈尊に問うたことによって、自分の思い込みが破られ、はじめて釈尊を仏として仰ぐことになった、いわば問いかけそのものが彼を起ち上がらせたのです。

また、阿難の問いとは何か見返りの答えを求めたものではありませんでした。問いに立ったこと自体が「表裏に暢(とお)るような浄(きよ)き影(おすがた)」を見るに至るのです。いわば、お米一粒の中に、お米をお米たらしめている無量のはたらきを見るように、阿難は釈尊のお顔の輝きの中に、無量寿、いわば阿弥陀仏を見たのです。そして、この阿弥陀仏の存在こそが、釈尊の最も伝えたかった一大事でした。さらに言えば、阿弥陀仏への帰依(きえ)によって、私たち一人ひとりが、他と比べる必要のない尊い存在であることに目覚めることです。釈尊は、仏教が私たちの上に実現する究極的なことがらを、光り輝くお姿の上に表明されたのです。

阿難の問いかけは、何でも当たり前と思っていた心の闇が破られることにより、それまで輝いていなかったものが実は無限無量に輝いていたと目覚めさせます。目の前にある野花が美しく映り、聞こえてきた鳥の囀りが心地よく、何気なく感じていた太陽の光が眩しいなど、日常生活の中には、すでに輝いているものが無限無量に広がっているのです。その目覚めは、この世に生をたまわったこと、今あなたと生きていること、そして手を合わせている一瞬一瞬が尊く輝いているという本来の救いの原点に帰ることなのです。

六、言葉のいらない世界を共有する（行巻①）

大行とは、すなわち無碍光如来の名を称するなり。（中略）しかるにこの行は、大悲の願より出でたり。（157頁）

大行とは、無碍光如来の名を称することである。（中略）ところで、この行は如来大悲の願をもととしてあらわれ出たのである。（一八頁）

前節で述べた阿難の「なぜ釈尊のお顔は光り輝いているのですか」という問いかけは、阿難がはじめて釈尊の教えに出遇ったすがたをあらわすものでした。と同時に、自らの歩むべき方向が定まったすがたをあらわすものです。いつもわかったつもりになって素通りしていた釈尊の言葉が、はじめて仏説として胸に届き、阿難にしか為し得ない課題を担うことになりました。この後、阿難はお経を編纂するための中心的な人物となったのです。

具体的には阿難の身に何が起こり、なぜ教えに出遇うことができたのでしょうか。『大経』には何も記されていません。これは推測に過ぎませんが、阿難は人として生まれたが故の悲しみをはじめて知ったのだと思います。彼の伝記には、釈尊が病に臥せ衰えていく姿を見て、木の陰でしくしく泣き出してしまう姿が描かれています。親はいつまでも生きているものだと錯覚するように、阿難にとって釈尊とは、永遠に法を説いてくれる存在だったのでしょう。しかし、釈尊の死にゆく現実を目の当たりにして、人として生まれたが故の悲しみとともに、自らの思い込みが破られていきました。そんな悲しみを引き受け乗りこえていく一連の救いを、「弥陀の名を称える（念仏を称える）」という一点に収斂させたのが「行巻」です。

ところで、ある住職と言い合うことがありました。「葬儀を執り行って思うのだが、身近な死別を通して悲しむ人が少なくなったように思う」という私の発言に対して、その住職は実際に父親を亡くした経験から、「親を亡くして悲しまない人はいない」と主張しました。私も思い直したのですが、後日、彼が「親を亡くした悲しみの中味を自分にたずねたとき、自分の都合ばかりがみえてきた……。『単に寂しくなる』『これまでしてもらっていたことがしてもらえなくなる』という都合ばかりで、悲しむということがわからなくなった」と。

「悲」の字は、「非」と「心」で構成されています。「非」とはお互いに背を向けた人の象形であり、心が左右に裂かれる切なさをあらわしています。人が抱く悲しみとは、自分の都合ばかりで、なかなか他人と分かり合えないということです。しかし、如来の大悲に包まれると、分かり合えないながらも、相手が抱いている悲しみが見えてきます。仏の大悲により、私たちは、相手の気持ちに寄り添い、何の言葉もいらない世界を誰かと共有するのです。

目の前に苦しんでいる人がいませんか？　本当に出遇（であ）うべき人と出遇っていますか？　そして、このまま人生を終えていいのですか？　そこに念仏の声からの問いかけがあります。どんなことであれ、身近な人と、悲しみ、苦しみ、喜びを共有できないことほど、孤独で空しい人生はないのではないでしょうか。念仏を称えるということは、言葉のいらない世界を共有することによって、孤独や空しさを破りつつ、本当に大切なものに出遇ってほしいという如来の願いに応え続けることです。

七、名に託す呼応関係（行巻②）

『大経』に言わく、設い我仏を得たらんに、十方世界の無量の諸仏、ことごとく咨嗟して我が名を称せずは、正覚を取らじ、と。（157頁）

『大経』にこう言われている。もし私が仏となるなら、あらゆる世界の無量の諸仏がことごとくほめたたえ、私の名を称えなければ、私は正覚をひらくまい、と。

（一九頁）

ここでいわれる内容は、たくさんの仏のなかで阿弥陀仏が特にすぐれているのだから、ほめたたえその名を称えなさい、ということではありません。「真仏土巻」では、確かに阿弥陀仏を「光明」という観点からもっともすぐれていると指摘しています。が、この第十七願における無量の諸仏の讃嘆では、すでに願いが成就された弥陀の名を称えてほしいという呼びかけとともに、この私が自分自身を讃嘆できる者になると同時に、あらゆる人々を讃嘆できる者になってほしいと願われているのです。すなわち絶対的な弥陀仏の名を介して、本来はすべての人々とともに讃嘆し呼応している真実性をあらわしている一方で、今現に弥陀仏の名を称えられない者に対して、周りの人々と呼応することができず、真実に背いて生きている現実性を問題にしているのだと思います。

お寺で「正信偈」を唱和していたとき、後ろから耳の遠い二人のおばあちゃんの会話が聞こえてきました。「今年の夏暑かったわー。畑仕事が大変やった」。「畑が何やて？　あんまり熱中したらあぶないぞ！」。「何やて？　熱中症やてか？　まめに水を飲まんな倒れるぞ」。「何やて？　畑のまめに水やるのが大変やてか！」。「さっきから何言うとるが。あんた本当に耳遠くなったわー」。「あんたこそ耳遠くなったわー」。「正信偈」をお勤めしながら、笑いをこらえるのに必死でした。

昔、両親と一緒に晩ごはんを食べていたときでした。二人の会話が耳に入ってきます。母が「桜が咲いてきれいじゃない」と言うと、父が「そんなもん咲いたからってどうなるんや……」と返します。しばらくすると父が「〇〇さん、もう八十八歳やぞ」、すると母が「何を言うとるんや、米寿でしょ……」。その後、二人は黙っています。傍にいた私は、「これでも二人の会話は成立しているのだろうか?」とあっけにとられていました。

日常の他人との会話では、聞こえにくくても、また馬が合わなくても、ひとまず相手を受け入れ、聞く身になることが求められています。聞く身になるとは、相手と気持ちを共有して、お互いに呼応する関係になることです。

私たちは、さまざまな悲しみに遭遇し、念仏を称えるとき、誰もが自らの主張や想いを今一度かえりみます。掌を合わせ自分の悲しみについてよくよく考えれば、本当に悲しいこととは、自分の思い通りにならないでき事そのものではありません。自分の気持ちを他人に共有してもらえないことです。それ故、他人と気持ちを共有していくために、呼応し響き合える理想の関係へと近づいていく、その具体的な道のりを弥陀の声に託すのです。それはまた、唯一弥陀の名を称えるという絶対的な行為によって、本来、すべての人々が一つにつながっているという真実性を取り戻していくことなのです。たとえ意見や考え方が違っていても、念仏を称えるところに新たな関係が生まれます。「桜が咲いてきれいに違いない」と押し付けるのではなく「きれいだと思わない？」と問いたずねる。「米寿でしょ」と否定するのではなく「それって米寿やね」と共感を求める。また「あんた本当に耳遠くなったわー」ではなく「耳が遠くなったの？」と思いやる。それらはお互いに共有し呼応するための問いかけであり、それがつながりを感得していく人としての尊いすがたなのです。

私が念仏を称えるのではありません。悲しみや喜びを他人と共有し、日常の些細なことから自らを見直すことができるとき、自ずと念仏がこぼれてできます。すると分け隔てなく誰とでも呼応することによって、自ずと自分自身を讃嘆できる私になっていけるのです。

八、難度海を度する弥陀の大船 ――難行道と易行道――（行巻③）

世間の道に難あり、易あり。陸道の歩行はすなわち苦しく、水道の乗船はすなわち楽しきがごとし。菩薩の道もまたかくのごとし。あるいは勤行精進のものあり、あるいは信方便の易行をもって疾く阿惟越致に至る者あり。（165頁）

世間の道に、難もあり易もあって、陸路を歩いて行くのは苦しいが、水上を船に乗っていくのは楽しい、というようなものである。菩薩の道もまたこれと同じで、あるいは努力して仏道修行にはげむものがあり、あるいは信方便の易行によって、

たちまち阿惟越致に至る者もある。（四〇〜四一頁）

「仏教の救いとは何か」と問われると、どのようなイメージをいだきますか。「願いがかなう」「思い通りになる」等のように、単に自らの欲望が満たされることだとすれば、あなたはいったいどこまで突き進み、どこで満足できるのでしょうか。

ここでいわれる菩薩行の救いの境地（行き着くところ）とは、「阿惟越致」または「阿毘跋致」とよばれる「不退転」と位置づけています。これは、他人と比べてより上の境地へ辿り着いたとか、他人と異なる特別価値のあるものを獲得したということではありません。私が私として満足できる境地として、煩悩に振り回されることなく、自由に生きられる位をあらわしているのです。

さて、世間の道には、歩み難い道と、歩み易い道があるのと同様、不退転の境地を求める菩薩の道においても、「難」と「易」の二種があるといいます。一つは自力を信じて勤行精進する難行道、二つは仏の信をいただいていく易行道です。この二つの行は、どのような特徴をもっているのでしょうか。また、世間の道と菩薩の道には違いがあるのでしょうか。

難行道とは、どこまでも自分の力をたよりにする歩みです。一見それは、大地を踏みしめ、地道に頑張る姿となって、見た目には美しく映るかもしれません。ただ一方では、自らの正義をふりかざし、自分を顧みないことがあります。その結果、目先の目標にとらわれ、「他人に勝ちたい」「立派になりたい」「恥をかきたくない」等と競争心やコンプレックスという自分の気持ちが先行し、今ある状況を素直に受け入れることが難しくなるのです。そのために他者との関係を築けず、生死流転の堂々巡りに陥ってしまい、本来の歩むべき方向を見失ってしまうのです。

それに対して易行道は、「水道の乗船はすなわち楽しきがごとし」と譬えられています。仏を信じるのみという易行道は、水の上を船に乗って進むことが容易であるように、「ケ・セラ・セラ、なるようになるわ」のごとく、安心して水の流れに任せて楽しむことができると信じていけるのです。

ところで、あるご門徒の家に「水の教訓（五カ条）」が掲げられていたことを思い出します。水とは「①自ら動いて他を動かし、②自ら清く他をも清くし、③常に往く道を求めて止まず、④障害にあえば、その勢力は倍増する。そして⑤海を満たし、発して蒸気となり、雲となり、雨となり、雪と変じて、霧と化し、凝っては玲瓏たる鏡となり、しかもその本性は決して失わない」という内容でした。

五木寛之著『大河の一滴』（幻冬舎）の中のフレーズです。

「それは小さな一滴の水の粒にすぎないが、大きな水の流れをかたちづくる一滴であり、永遠の時間に向かって動いていくリズムの一部なのだと、川の水を眺めながら私にはごく自然にそう感じられるのだった。」

大河の一滴に過ぎないちっぽけな私であっても、決して欠かすことのできない尊い存在だというのでしょう。五木氏の達観した境地からの言葉であり、今でもたくさんの方々に多大な影響を及ぼしています。しかし私たちは、その一滴という存在になかなか満足しきれないのが実際の相ではないでしょうか。

親鸞は、「正信偈」の中で、釈尊がこの世に生まれた理由を、「弥陀の本願海を説くためである」と明言しています。どんなに汚れた水でも海に入れば一味になるがごとく、どんなに煩悩に塗れる私であっても、本願海に帰入することによって、その本性を失うことなく、尊い一滴の存在となって輝いていけるというのです。しかし現実は、煩悩に振り回され、大河の一滴のような存在では満足できず、ありのままの川の流れに逆らって生きているのではないでしょうか。先の水の教訓に反して問えば、①自らが他人の上に立ち無理に他人を動かそうとしていませんか。②自らの不浄な心を棚上げして、他人の不浄さを指摘していませんか。③困難な道を避けて楽な方へと逃げていませんか。④障害にあえば他人の責任にしていませんか。⑤他者との関わりを避けて、本来の自分を見失ってはいませんか。

そういう大河の一滴になりきれず満足できない私であればこそ、親鸞は、自然の流れに逆らいながらも本願の海へ渡してくれる弥陀の大船を教示してくださいました。その大船は、何の抵抗もなく、単に川の流れに沿って浮かびながら海へと渡りきるような乗り物ではありません。「難度海を度する大船」、いわば行き着く処の本願の海を疑って信じることなく、ありのままの流れに背いて大河の一滴にすらなれないこの私のために用意してくださった大船なのでしょう。

親鸞がいう仏道とは、陸の道を歩むがごとく、懸命に自分の意志を貫いて闇雲に頑張るのではなく、いつも自然の流れに逆らうことによって生じてしまう難度海、その海を度るためにこそある弥陀の大船にただ乗るだけなのです。そういう信じ難き「信」をいただき、弥陀の大船に乗るという決断と勇気によって、私の存在そのものが、そのまま他者を動かし、ともにお互いを清くし、道を求め、苦難を乗りこえていく身となっていくのです。

「信」による不退転の位に至って救われる歩みは、菩薩の道であろうが、世間の道であろうが、〝人〟としてともに生きている以上、何も変わりはありません。

九、私が願う寿命と仏から願われている寿命（行巻④）

> **仏の本願力を観ずるに　遇うて空しく過ぐる者なし。よく速やかに　功徳の大宝海を満足せしむ、と。**（167頁）

仏の本願力を観じて、本当の出遇いをえた者は、空しく過ぎることがない。速やかに仏の功徳が大宝海となって満ちあふれてくる、と。（四六頁）

朝日新聞（「天声人語」二〇一三年七月一四日）に次のような記事が掲載されていました。

要約すると、会社の先輩に長生きの秘訣を問うと、「キョウイク」と「キョウヨウ」なのだと言ったとか。「きょういく（今日、行く）」ところがある、また「きょうよう（今日、用）」があることなのだということでした。皆さんは、毎日行くところがありますか。また毎日用事がありますか。私たち真宗門徒にとって、毎日行くところはお内仏（ないぶつ）です。そして毎日の用事は、お内仏の給仕（きゅうじ）をして、念仏を称えることです。ただそれは、単に寿命の長さを求めるためではありません。

　ある新聞販売員の方が健康で長生きをするため、一日の目標として次のようなことを掲（かか）げていたそうです。それは「一日一万歩を歩く、一日千字書く、一日百回の深呼吸、一日十回の笑い、一日一回のお念仏」ということです。その方は、新聞を歩いて配達し、また手紙や日記を書くのが好きなので、一万歩歩くことと千字を書く目標は難なく達成します。さらには、健康に気を使っているため百回の深呼吸も苦にならないというのです。ところが、十回の笑いと一回のお念仏が意外と忘れがちになります。回数が少ない目標ほど達成が難しいという話でした。

　さて、「正信偈（しょうしんげ）」の中にあるように、中国の曇鸞（どんらん）（四七六～五四二）は長生きするために

「長生不死の法」を道教の仙術から学びました。ところが、三蔵法師の菩提流支は、大地に唾を吐き捨て叱責します。たとえ寿命が延びたとしても、限られた寿命を少し長く生きただけに過ぎない、本当の長生きとは無量寿を生きることなのだ、と諭します。もちろん、長生きしたいと願い、健康を維持するために努力を惜しまないことは人間として素直な行為です。しかし、寿命を延ばすことだけにとらわれてしまえば、肝心かなめの「どう生きるか」が分からなくなってしまいます。

以前、九十五歳のおじいちゃんがつぶやきました。「一年はあっという間や。だけど一日が長くてなあ……」。私はたずねました。「それだけ長生きしたのだから何か良いことはあったでしょ」。すると「何もない……」。でも、そうやな、憎たらしいやつが、俺より先に死んだことや」と。笑えるようで笑えない、何か一抹のさびしさを覚えながらも私は言いました。「それでもじいちゃん、これまで念仏称えてきたんやろ」。すると、これまでの過去を振り返るように「そうやな、たくさん酒飲んだな、死んだばあちゃんといろんな所へ行ったな。よう考えたら、たくさんの人にお世話になったな……」と。

念仏を称える人生は、「私が願う」寿命を生きるのではなく、「仏から願われる」無量寿を生きることです。それは、毎日の生活において、今この瞬間を生きていることそのものの尊さや不思議さに立ち止まり、生きてきた証(あかし)をかみしめることです。その確かな足跡が、念仏の声となり、後の人々の生きる道しるべになっていくのです。

「人生は長さばかりではない。深さもあれば幅もある」(金子大栄)といわれるように、どれだけ長く生きても空しさは消えません。癌(がん)の告知をされ余命半年と言われたご門徒が、家族に言われた言葉です。「告知を受けた後、どれだけ苦しみ悲しんだことか。だけどこの短期間で一生分の人生を生きたように思う」と。人生の長短にかかわらず、そこに深さと幅を見出す念仏があれば、その人を空しく過ごさせはしないのです。

ある幼稚園では次のような食前の言葉を言います。「鶴さんや亀さんのように長生きできますように。つるつる飲まずにゆっくりかめかめ。いただきます」。他のいのちを賜(たまわ)る食事は、つるつる呑み込んでしまえば消化不良になりますが、ゆっくり噛(か)みしめ咀嚼(そしゃく)すれば血となり肉となり栄養が身体全体にいき渡ります。それと同様に、私たちが賜る一つひとつの現実も、「当たり前のこと」といって鵜呑(うの)みにせず、「有り難いこと」とかみしめれば、降って湧いてくるような不思議な声が聞こえてきます。

一万歩歩いたり千字を書いたりして少しでも長生きできるように「私が願う」寿命は、私一人だけのことであり、必ず限りがあります。他人よりも元気に長生きしたからといって、空しく過ごしていないとは限りません。毎日行くところとしてお内仏に行き、毎日の用事として念仏を称えることによって、「仏から願われる寿命」を、私一人だけではなく他者とともにいただけば、寿命の長短に関係なく空しい日々を送ることはありません。

十、身が先か、心が先か（行巻⑤）

「何の所にか依る」は、修多羅に依るなり。「何の故にか依る」は、如来すなわち真実功徳の相なるをもってのゆえに。「云何が依る」は、五念門を修して相応せるがゆえにと。（170頁）

「何を依り所とするのか」といえば、修多羅を依り所とするのである。「なぜ依るのか」といえば、如来はとりもなおさず真実功徳の相であるからである。「どのようにして依るのか」といえば、五念門（礼拝・讃嘆・作願・観察・回向）を修して仏の教えと相応うように依るのである、と。（五四〜五五頁）

研修会で議論になった話題があります。仏教では、身（み）と心（こころ）を分けて考えることがありますが、身と心はどちらが先で、どちらが後かという議論です。※その時は、鶏が先か卵が先かのような議論になり、結局答えは出ませんでした。ただ、「経論（きょうろん）」をはじめ、親鸞の書物では、「心身（しんしん）」ではなく「身心（しんしん）」という言い方が主流であり、そのこと一つをとっても、仏教は「身（み）の事実」ということを大切にしているといえます。そもそも私という存在は、私の心に先立ってこの世に生まれ、この故郷を選んだという身の事実があるからです。

　お寺での法話で、「皆さんは、今日、自分の意志（心）で来たと思いますか？」と問いかけたことがあります。多くの方が「はい、自分の意志で来ました」と言わんばかりにうなずきましたが、実際はどうでしょうか。確かにそういう一面もあるかと思いますが、その一方で、今ここにいる身の事実に対して問いかけてみると、ここへ来たのは、先ずお寺からのご案内があったからです。そして、日程の都合がよかった、体調がよかった、この地域やお寺にたまたまご縁があったから等々、さまざまな条件が重なったことによって、ここに足を運ぶことになりました。さらには、親鸞やその意志を受け継いだ人々、七高僧（しちこうそう）をはじめ、経典を翻訳した多くの三蔵法師（さんぞうほうし）たち、そして釈尊やそのお弟子たちの教えがあったから等々、数え上げたら限りがありません。

「身心一如（しんしんいちにょ）」という言葉もあるように、本来、身と心は一つです。ただ、両者を比べるとき、身は目で見えるものなのでわかりやすいと思います。老いるときは老い、病むときは病み、死んでいくときは死んでいく。しかし、頭の中では理解していても、私の心はなかなか受け入れられません。だから苦しいのです。いつまでも若く、健康で、長生きしたいと思っていても、この身は間違いなく、老い、病み、死んでいきます。そういう事実とは裏腹に、心はいつも現実から離れて理想ばかりを追い求めてしまうのです。そういう身と心のアンバランスを克服していくことが、まさしく念仏を称えることの一つの眼目だといえます。

私の好きな歌の一つに歌手コブクロの「ここにしか咲かない花」があります。最初のフレーズは、「何も無い場所だけれど　ここにしか咲かない花がある　心にくりつけた

荷物を　静かに降ろせる場所……」というものです。私たちは、人と比べ競い合いながら、より上へ、より高くと、今ここにいる私以上の私を求めようとします。それはそれで大切なことですが、裏を返せば、どこまでも不安のまま満足できていない私がいるということです。その一方で、何もなく誰も見てくれていない場所でも、ここにしかいない私の存在があるのです。他人と比べて「〜せねばならない」「〜はこうあるべき」という心にくくりつけた荷物を静かにおろせば、評価や見返りを求める必要はなく、ここにしかいない私を素直に受け止め、私にしか咲かせられないいのちの輝きを放つことができるのです。

よくよく案ずれば、声に出す念仏（讃嘆）は、先ず我が身を弥陀仏の前に置くこと（礼拝）です。身から入る念仏の声に、心は必ず後からついてきます。逆に、心から入る教えは、「真理を獲得した」「この教えに間違いない」等と、自分に都合のいい成功体験を追い求めることになり、その結果、一度手に入れたものをなかなか手ばなすことはできません。

過去無量から伝えられ、この身に染み込んでいる念仏は、握りしめた手を振り解き、心にくくりつけた荷物を静かにおろしていくという繰り返しの行為です。そういう仏教二五〇〇年の歴史に参画することは、私一人の小さな願いではなく、人間本来の心の奥底にひそむ魂の声に耳を傾けていくことであり、それがまさしく、仏説である修多羅（スートラ＝お経）に依ること、ありのままの如来の真実功徳の相を身をもって自らに受け止めていくことなのです。

※ここでいう心の問題は、唯識思想の阿頼耶識などを想定するものではありません。日常生活の「きれい」「悲しい」等の心である第六識を想定しています。

十一、心に光が入るのは耳から（行巻⑥）

また云わく、弥陀の智願海は深広にして涯底なし。名を聞きて往生せんと欲えば、みなことごとくかの国に到ると。たとい大千に満てらん火にも、直ちに過ぎて仏の名を聞け。名を聞きて歓喜して讃すれば、みな当に彼に生まるることを得べし。（174～175頁）

またこう云われている。弥陀の智慧より出た本願海は深く広く涯もなく底もない。名を聞いて弥陀の国に生まれたいと欲うなら、みなのこらず彼の国に到る、と。たとえ大千世界に満ちるように火が燃えさかっていても、その中をまっ直ぐに通り

ぬけて仏の名を聞きなさい。名を聞いて歓喜し讃えることで、みな彼の国に生まれることができる。（六八〜六九頁）

日常生活の中で、皆さんはどのような音を耳にしますか。各家では、やはりテレビの音が主流でしょうか。我が家では、耳の遠い父親がいるため、テレビで時代劇「水戸黄門」が始まると、「人生楽ありゃ苦もあるさ……」の音楽が家中に響き渡ります。台所では、「トントン」というまな板の音や「ぐつぐつ」と鍋で野菜を煮込む音も聞こえますし、「チン」のレンジの音はしょっちゅう聞こえてきます。また、両親の「どっこいしょ！」「あいたた……」の声は日常茶飯事です。

そして家の周りでは、四季折々の音が息吹いています。川のせせらぎ、海辺の波音や虫たちの鳴き声、そしてしんしんと降り積もる雪のきしむ音。空気の振動である「音」は日常生活に密接に関係しており、人間の心の振動に最も直結しているといわれています。

かつて、目が見えない、耳が聞こえない、口がきけないという三重苦を背負うヘレン・ケラー女史（一八八〇～一九六八）が、八十歳の時にインタビューを受けたそうです。「もし神様が、どれか一つを与えるというならば、あなたは何を選びますか？」と。周りの人たちは、「一目瞭然」という言葉もあるように、「目が欲しい」と言うと思ったそうですが、彼女は「耳が欲しい」と言うのです。理由を聞くと、「心に光が入るのは耳からだからです」と答えました。

真宗のご本尊は「音声本尊」ともいわれ、「南無阿弥陀仏」の音が形になったものです。

目は、耳よりも多くの外部情報を取り入れるといわれていますが、その分、自分好みの色や形にとらわれやすく、主観的な感覚に縛られることが多いのかもしれません。その反面、耳はどうでしょうか。確かに「耳をふさぐ」というように、主観的にとらわれる要素はあるものの、大事なことに目覚め、反応するのは、耳から入る音だと思います。

事実、胎児はまっさきに、母親の心臓の音と呼びかけを耳にするのです。

阿闍世（あじゃせ）は父王の頻婆沙羅（びんばしゃら）を殺（あや）め後悔の念に苛（さいな）まれていたとき、諸仏としての亡き父王の〝声〟が聞こえてきました（258頁）。よりいっそう自らの罪を自覚し向かうべき方向（釈尊の処）の決断が迫られたのです。また、「二河白道（にがびゃくどう）の譬（たと）え」では、歩むべき方向を見失っている修行者を奮（ふる）い立たせたのも〝声〟でした。釈尊と弥陀のみ声です。妄信して本来の自分を見失っているときに、今どこにいてどこへ向かうべきか、確かな方向へ歩むための核心的な目覚めには、目に見える〝もの〟ではなく、耳から入る〝声〟があるのです。

ラテン語「persona（ペルソナ）」は「人」という言葉ですが、「ペル（貫き通す）」＋「ソナ（響く）」に由来しています。それ故、人間とは、国境や民族を超えて分け隔てなく共感でき、お互いに響き合う存在であるといえるでしょう。そんな人間の原点に立ち返る唯一の手段を、名号（みょうごう）を聞くことに託せば、たとえ煩悩（ぼんのう）によって燃え盛（さか）る世の中にあっても、自己と他者との呼応関係を生み出していけるのです。

無限に広がり深まる弥陀の智願海（ちがんかい）、それはすべてを包み込む真実からの呼び声となって、閉ざされた私の心に光が入ります。心を閉ざしている人が多くなっている現代にこそ、心の闇を破る光は自分の耳から入ってくると認識し、仏の呼び声を聞く、そして他者の声に素直に耳を傾ける念仏道を見直さなければなりません。

ゆっくりゆっくりあゆむ道

十二、罪がきえるとは（行巻⑦）

問うて曰わく、阿弥陀仏を称念し礼観して、現世にいかなる功徳利益かあるや。答えて曰わく、もし阿弥陀仏を称すること一声するに、すなわち八十億劫の生死の重罪を除滅す。（175頁）

問うて曰う。阿弥陀仏の名を称え念じ、礼拝し、観察すると、現世においてどのような功徳と利益があるのか。答えて曰う。もし阿弥陀仏の名を一声称えると、八十億劫のあいだ生死の苦をうけつづけなければならない重罪がたちどころに消える。（七〇頁）

皆さんは、念仏を称えることによって、罪から逃れられるという期待をしたことがありますか。右の一文は、何か自分の犯した罪に対して、一回念仏を称えればチャラになるという虫のいい話では毛頭(もうとう)ありません。

仏教の基本は縁起(えんぎ)の理法であり、つながりを教示することですから、人類の罪も、決して私一人の罪ではなく、私が生まれる以前からすべての人々が背負い続けてきた根本的なものです。

そもそも人間は、自分中心の価値観によって物事を分別します。得か損か、上か下か、役に立つか立たないか等々、都合の悪いものを排除していくと、結局は都合の悪くなった自分をも排除してしまいます。そのような潜在的に有する人類の罪を、ここでは「八十億劫(こう)の生死(しょうじ)の重罪」と表現し、そんな人間の分別を超える瞬間を念仏としていただいていくことを教えているのだと思います。逆に念仏を称えられないということは、今ここにしかない自分を粗末にすることです。無数のご縁に支えられ、有り難い瞬間をいただきながらも、現実的な自分を受け止めきれず、無意識の内に人類が背負っている罪に苛(さいな)まれ苦しんでいくことに陥るのです。

私たちは、過去から現在、そして未来へという直線的な流れを生きているのではありません。仏教は、「過去・未来・現在」と表現されるように、過去や未来を思考しながら、誰もが平等に与えられている「今ここ」という瞬間を同時に生きており、その瞬間をそれぞれの立場において平等に創造し選択できるということです。

先日、連れ合いの里帰りに七年ぶりに同行したとき、認知症になった義母が夕食時にしみじみとつぶやきました。「子どもや孫たちに囲まれて、私は今、本当に尊い瞬間を生きているのやね……」。また、娘さんを若くして亡くされたご門徒が、深い悲しみの中で言います。「難しいことはわからんけど、今日、皆とお参りできて、わしゃ、本当に幸せや」。そしてまた、以前、末期癌（がん）の叔母（おば）が『阿弥陀経（あみだきょう）』をいただいた後、住職に尋ねました。「恒河沙数諸仏（ごうがしゃしゅしょぶつ）って何やったけ？」、「ガンジス河の砂の数ほどの仏さんや」。叔母は、「私は本当に多くの仏さんに見守られているんやね。こんなにたくさんの人々に支えられているのやね。ごもったいないね」と言い、一週間後に亡くなりました。

「念仏もうさんとおもいたつこころのおこるとき」

（『歎異抄』一条、626頁）

私たちは、念仏もうして救われるのではありません。「尊い瞬間を生きているのやね」「わしゃ、本当に幸せや」「ごもったいないね」という言葉が口をつく、「念仏もうさんとおもいたつこころのおこるとき」にこそ、念仏をもうす身として救われるのです。すなわちそれは、過去への執着（しゅうじゃく）、未来への不安などから解放されることであり、今ここにしかない現実の自分に帰っていくことです。そして、その瞬間にこぼれでる一声（ひとこえ）の念仏が、まさしく八十億劫の生死の重罪を除滅するのです。

十三、終わりなき成仏道たれ（信巻①）

『大経』に言わく、設い我仏を得たらんに、十方の衆生、心を至し信楽して我が国に生まれんと欲うて、乃至十念せん。もし生まれざれば正覚を取らじと。ただ五逆と誹謗正法を除く、と。（212頁）

『大経』にこう言われている。もし私が仏となるなら、あらゆる世界の生きとし生けるものが、真実の心をもって（至心）、信じよろこび楽って（信楽）、私の国に生まれたいと欲い（欲生）、十遍でも念ずるとしよう。もしそれで生まれなければ、私は正覚をひらくまい、と。ただ、五逆の罪を犯した者と正法を誹謗する者とを

除く、と。（一六三頁）

阿弥陀仏の因位、前身である法蔵菩薩は、第十八願を中心とした本願を発します。「すべての人々が仏国土に生まれたいと願い、念仏して生まれることができないなら、私はさとりません」と。これはいったい何を言いあらわそうとしているのでしょうか（五逆と正法を誹謗する「唯除」の問題は一五〇頁～を参照）。

いずれ仏に成ることができる法蔵菩薩は、いまだ仏に成れない私たちに対し、「（仏に成るために）仏国土に生まれたいと欲い念仏を称えてほしい」と願っています。もっといえば、いまだ仏に成ろうとしない一人ひとりに名号をもってはたらきかけ、念仏を称えるのをずーっと待っていてくださるのが法蔵菩薩の精神なのです。

そもそも、法蔵菩薩が願う仏国土とは、単にこの世の苦しみから逃れ、楽になる場所だとか、死んでから生まれる処ではありません。法蔵菩薩はすでに五劫という永い時間をかけて、完成され円熟した仏国土つまり浄土へ往生して、仏に成る道を開いており、この娑婆世界で苦しんでいる人々に対して、念仏を称えることを願い続けているのです。なぜなら、死んでいくことをはじめ、さまざまな苦悩を背負っている私たち人間は、尊い人や教えに出遇うことによってしか、本当の自分に帰っていけない存在だからです。自他ともに苦悩を背負う「身の事実」をどのように引き受けていくのか、念仏を称えようとしない一人ひとりに対して、親鸞自身もその生き様を問うているのだと思います。

　ある研修会で、講師の方が次のようなお話をしてくださいました。先輩の僧侶が、直葬（通夜・葬儀をせず、亡き人を直に斎場で送ること）のため斎場へ出向き、そして、はじめてお会いする遺族のためにお経を読んで早々に帰ろうとしました。すると、遺族の一人が近寄ってきて次のようにたずねたそうです。「これで父は成仏できますか？」と。その僧侶は「あなたの父親が成仏するかしないか、そんなことはわからん。ただ、このような弔い方で故人を送ったことを、子どもをはじめ、周りの人たちはちゃんと見ていますからね」と、少々厳しい言葉を残して帰られたそうです。

　成仏を説く仏の教えは、単に「死んだら成仏する」とか、「お経をいただいて満足する」という簡単な話ではありません。実際に、仏教に答えだけを求め、人間の死を他人事のように捉えてしまうような人に、念仏を声に出して称えることができると思いますか。むしろ、その教えに触れると、「仏に成るとはどういうことだろう？」「亡き人を本当に仏として仰いでいるのか？」「お経をいただくとは？」という限りなき問いが生まれてくるはずです。その問いかけとともにこぼれでる念仏こそが、自らの生きる原動力になるのです。

近年、ご法事の捉え方一つをとっても、「簡単に済ませたい」がキーワードになっているようです。七回忌、十三回忌と年数を重ねるご法事が軽視され、時が経つほど亡き人との関係が希薄化しているように思います。時々、ご法事のあとのお斎の席で、次のようなあいさつを耳にします。「これで故人もあの世で喜んでいると思います」。ご法事を無事に済ませ、ホッとした素直な感情だと思いますが、その裏には、「これで私の役目は終わった」「これだけすればもういいだろう」という、新たな道を求めようとしない自己完結したすがたが垣間見え、そういう想いからは念仏の声は出てきません。ご法事とは、亡き人を機縁にして、決して他人事ではない死と向き合い、私たち一人ひとりが仏国土を願うご縁をいただく時と場です。それ故、故人が喜んでいるのではありません。新たに故人と出遇い直すことによって、私自身が心から今を喜んでいるのか、という問いかけから念仏がこぼれでてくる。だから念仏を称えるのです。

「前に生まれん者は後を導き、後に生まれん者は前を訪え」（『教行信証』401頁）

誰にでも、同じ時代・社会を過ごし、苦楽をともにしてきた人々がいます。亡き人をはじめ、現にご縁をいただいている人々との利害をこえた目に見えないつながりがすでに尊い出遇いとなっています。そして、ともに仏国土に生まれてほしいという法蔵菩薩の精神が大きな願いとなって届くとき、自ずと念仏の声がこぼれでてきます。念仏とは、決して自己完結して終わるものではなく、「浄土へ往生するとは？」「仏に成るとは？」と問い続ける途中において、尊い人や教えに出遇い、本当の自分に帰っていける終わりなき成仏道に他なりません。

十四、心の内を正しく知る（信巻②）

一切衆生の身・口・意業の所修の解行、必ず真実心の中に作したまえるを須いることを明かさんと欲う。外に賢善精進の相を現ずることを得ざれ、内に虚仮を懐いて、貪瞋邪偽、奸詐百端にして、悪性侵め難し（215頁）

（私は）あらゆる衆生の身と言葉と意の三業によって修められる了解や修行は、如来が真実の心の中で作されてこられたものを必ず須いるのだということを明らかにしようと欲う。外に賢くて善き人が精進しているような相を現してはいけない。内に真実ではない虚仮を懐いて、貪、瞋、邪、偽、奸詐などさまざまにわ

たっての悪性をおしとどめることは難しく（一七一〜一七二頁）

「俺は世界平和のために一生懸命頑張っているのだ。家庭や子どもの問題ぐらい、お前がしっかりやれ！」。ある有名人が、妻に放った言葉だと聞きました。たとえ名声や地位、権力があっても、目の前にある自分の問題と向き合えないまま、どうして世界平和について語れるでしょうか。

何事においても、賢く善人になって精進（「賢善精進」）することは決して悪い行動ではありません。しかし、ついつい精進そのものに満足し、自らの欲望を満たすためだけの行動に陥っていないでしょうか。親鸞はそのようなあり方を、外側から見ると「賢善精進」の姿となって映る反面、心の内側は、うそ・偽りに満ち溢れていると厳しく説いています。

以前、ご門徒が私に問い質すことがありました。彼はお寺で法語カレンダー（真宗教団連合）の言葉を目にしたとき、「これは善いこと言うとるな」とつぶやいたそうです。すると隣にいた友人が、「それを慢心というんやで」と笑って言ったそうです。彼は、「いやいや、善い言葉やから単にそう言うただけなんや」と反論すると、友人は負けじと「だから、そういう上から目線が慢心なんや」と一歩も引きませんでした。彼は一連の会話を紹介した上で、自分の発言がなぜ慢心なのか、また上から目線なのか、どうしても納得いかない様子で私に返答を求めてきたのです。私は少々戸惑いましたが、次のように諭しました。「『善いこと言うとる』という言葉が、仏さんの教えを上から目線で評価することになり、そういう人間の傲慢さを突かれたのですかね」。すると彼は、「俺は善いものは善いと素直な気持ちを言っただけなんや、なんでそれが慢心なんや」とどうしても納得できない様子だったので、さらに私は、「仏教の言葉は自分に言われたこととしていただくこと。すると『ありがたい』『そうやな』とうなずいていくしかないのでは……」と問いかけましたが、「住職は、俺よりもあいつの肩を持つんか」と不機嫌そうに帰っていきました。

ところで、インドの天親菩薩が重んじた唯識思想は、人間の心の深層を大きく三つに分けます。一つは、「きれい」「おいしい」「やわらかい」など日常的に感じる心（眼・耳・鼻・舌・身・意の六識）、二つは、無意識のうちに私にこだわる心（第七識）、三つは、生きるために視覚や聴覚そして心臓などの臓器が働いているように、無意識のうちに命にこだわっている心（第八識）です。

ここで注目すべきは第七識の私にこだわる心です。たとえ「世界平和のため」とうたって誠実に振る舞っても、また「善いものは善いと素直に表現しただけ」と言っても、自分本位にこだわる心からは離れられません。たとえ身を犠牲にして純粋に「世界平和のため」に相手に施したとしても、「私が施した」という私へのこだわりは潜在します。例えば、目の前に川で溺れている人がいて純粋に手を差し延べようとしても、それは差し延べて何とかしてあげたいという我執・我愛を離れたものではありません。また、他人との言い争いのとき、相手を尊重し一歩退いて我慢したとしても、それは単に自己満足の慢心であると仏教は教えます。何かをしてもしなくても、努力しても怠けていても、人間には第七識があり、私のこだわりからは離れられないのです。

ただ、ここでいう教えは、何をしても無駄だとあきらめ開き直らせるものでもなければ、自分をダメ人間だと卑下させるものでもありません。大切なことは、たとえ「世界平和のため」とうたったところで、本当に世界のための行動なのか、実は自分の野心を満足させるためのものではないか、また「素直な気持ちを表現しただけ」と言いながら、仏教の都合のいいところだけを聞いていないか等々、そういう自らの心の内が照らされることによって、今一度、立ち止まってみることの大切さを教えるものです。親鸞は、うそ・偽りで悪性に満ち溢れている心の事実と謙虚に向き合うことの大切さを説いており、信心をいただく入り口として受け止められているのです。

どこまでもうそ・偽りでしかない「賢善精進」の私でも、そういう心の内を正しく知る、そして目の前の問題からは決して目をそらさない。それが浄土へ往生する第一歩なのだと教えられます。

十五、落ち着くべきところに落ち着く

——自らを疑うことから——（信巻③）

> 「深心」と言うは、すなわちこれ深信の心なり。また二種あり。一つには決定して深く、「自身は現にこれ罪悪生死の凡夫、曠劫より已来、常に没し常に流転して、出離の縁あることなし」と信ず。二つには決定して深く、「かの阿弥陀仏の四十八願は衆生を摂受して、疑いなく慮りなくかの願力に乗じて、定んで往生を得」と信ず。（215〜216頁）

「深心」というのは、つまり深く信ずる心である。これにまた二種ある。一つには、「自身は現に、罪悪生死を生きる凡夫で、はるかな劫をへて今日にいたるまで、常

に沈没し、常に流転して、迷いの世界から離れる縁がまったくない」と、決定して深く信ずることである。二つには、「彼の阿弥陀仏の四十八願は、衆生を摂めとって、疑わずまどうことなく、彼の如来の願力に乗じてかならず往生することができる」と、決定して深く信ずることである。（一七三～一七四頁）

長男が語ってくれました。「人生・人格すべてが否定され、落ちるところまで落ちたような思いだった。でも、初めて自分の欲望に素直になれた」と。親友の「お前はクズだ！」の言葉が、彼の胸に突き刺さったのです。それまでの悪態や素行不良によって、先生や友人、親から何度も注意されていたのですが、どんな言葉も彼を素通りするだけでした。それでも、時々言い争いながらも真剣に向き合ってくれた親友の「お前はクズだ！」の言葉をきっかけに、はじめて自分がどう生きたいのかを考えだしたと言うのです。

彼が言う「落ちるところまで落ちた」とは、自分の欲望に素直になれたことで、これまでの素行を直視せず思い上がっていたところから、本来の落ち着くべきところに落ち着いたということでした。そこから見える光景は、決して他者を見下ろすものではなく、深い懺悔の中で、他人をクズのように捨ててきた傲慢さとしっかり向き合わざるを得ないものだったのでしょう。彼は「今まで自分のことしか見えなかった。これからはもっと、他人のことを見ていきたい」と語りました。思えば、食べ物や木片のクズと呼ばれるものは、他のすぐれた面を引き立ててできるもの。彼は捨てられるべきクズのような自分でも、他者を生かすための一片となって、自らも輝く世界があることに気づいたのだと思います。

他人の言葉に耳を傾けず素通りしていることは決して他人事ではなく、私自身のことでもありました。そんな自分の殻に閉じこもっている私には、浄土は手の届かないはるか遠くにしかありません。しかし、念仏を称え落ち着く所に落ち着く、そして「罪悪生死の凡夫」と自らの欲望に素直になることによって弥陀の願いに委ねれば、私のすぐ近くの足元に浄土のはたらきを感得することができるのだと思います。「他者の救いが自らの救いとなる」、つまり何よりも他者を生かすことによって、自らの輝ける浄土は、どんな環境や状況においても、誰にでも同じ大地において平等に開かれていくのです。

農業協同組合、いわゆる農協に四十年近く勤められたご門徒が語ってくださいました。「私は功利性や合理性ばかりを追求する、いわゆる『事務屋』だった。それも大切な仕事だと自負してきたが、そういう割り切った判断において、『大きくいえば間違ってない』と自分を少しも疑わなかったことが、実は大きな落とし穴だったように思う」と。それなりに満足して定年を迎えたつもりで、何度もお寺に身を運ぶうちに、「人と人とのつながりはどうだったのだろうか？」と、ふと疑問がわいてきたというのです。そして「実は私は仏法の世界から最も遠いところにいたのではないか」と思い始めたというのです。

功利性や合理性を追究し、自らの能力や性格を疑うことなく自力のみを信じ、他人との関係を断つことは、仏法の世界から最も遠いところにいることなのかもしれません。私の僧侶としての立場も然り。「本願」「念仏」「信心」という真宗用語をうったえれば大きくは間違いない、また「ただ念仏」と思って他の宗派の教え・言葉に耳をかさない、いわば真宗を拠(よ)り処(どころ)としている振りをして自らを疑わない姿勢こそ、仏法の世界からほど遠いところにいることなのだと思います。疑うことなく自分の殻に閉じこもっている間は、「あなたを摂(おさ)め取って捨てない」という弥陀仏の声は聞こえてきません。しかし、「自分が最も仏法の世界に遠いところにいるのではないか」と自らを疑い問い続けていくことが、弥陀仏の声に応えつつ、仏願(ぶつがん)に随順する「真の仏弟子」としての歩みになるのだと思います。

十六、仏門に入る

——目の前のでき事から——（信巻④）

もし解を学ばんと欲わば、凡より聖に至るまで、乃至仏果まで、一切碍なし、みな学ぶことを得るとなり。もし行を学ばんと欲わば、必ず有縁の法に藉れ、少しき功労を用いるに多く益を得ればなりと。（219頁）

もし知的な理解によって仏のさとりを学ぼうと欲うなら、凡夫から聖者に至るまで、さらに仏果までも、すべてにわたって碍りなく、みな学ぶことができる。もしこの身をあげて行ずることによって仏のさとりを学ぼうと欲うなら、必ず有縁の法によるべきである。少しの努力を用いるだけで、多くの利益をうるからであ

る、と。（一八三頁）

ずいぶん以前のラジオ放送で、禅宗の僧侶が、「さまざまな悩みを抱え、仏門をたたく若者が増えている」と語っておられました。日常の雑多から離れ、座禅を中心とした修行を積むことによって、「何か悟りの境地を得たい」とか、「苦しみから逃れたい」等の期待を胸にして入門されるそうです。ただ実際は、座禅をする時間はほんのわずか。修行の大半は掃除、洗濯、食事を中心とする淡々とした作業の繰り返しのため、「俺はこんなことをするために門をたたいたのではない」と言って挫折する人が多いそうです。

そもそも仏門に入るとはどういうことでしょうか。それは、一つの目的に向かって脇目もふらず懸命に修行し努力することではありません。仏教の教えは、他者との関わりの中で救われるというものです。しかし、修行の結果得られる見返りにこだわるあまり、周りが見えなくなって、いつの間にか、自分だけの救いを追い求めることに陥ってしまうことがあるのです。

ことに浄土門の「行を学ぶ」とは、いつでもどこでも分け隔てなく日常生活の一挙手一投足を聞法道場として捉え、念仏を称えることによって目の前にあるご縁としっかり向き合うことです。しかし、ついついわかったつもりになって「みんなご縁や」「ご縁ってありがたいことや」等となにげなく「ご縁」という言葉を使ってしまうことがあります。都合の善いご縁であればいいのですが、都合の悪いご縁であれば見て見ぬ振りをして誤魔化してしまうことはありませんか。「有縁の法に藉れ」とは、狭義的な「仏縁」だけをいうのではなく、善いも悪いも関係なく、今ここで起きている問題に対して向き合いなさい、また身近に苦しんでいる人に寄り添っていきなさい、と目の前にある現実から目をそらさないことを説いているのです。もしも、知的な理解によって仏のさとりを学ぼうとするだけなら、今ここで、目の前で起きていることを無視して、自分の関心のあることのみに注力すればいいのです。また、私たちは、どこかで修行し努力することを美徳として捉えがちですが、「今」ではなく「いつか」、「ここ」ではなく「どこか」、「目の前のあなた」ではなく「他の誰か」を追い求めてしまい、有縁の法に藉っていないことがあるのです。

先日、ご門徒がわざわざ尋ねてこられた時、私は、いかにも忙しそうな振る舞いをしたため、すぐに帰っていかれました。後から聞くと、どうしても伝えたいことがあったそうですが、時すでに遅し。後日「もういいんです……」と断られました。今ここでしかできない目の前のことを後回しにすることは、大切なご縁を疎(おろそ)かにすることであり、仏門に入ったことにはなりません。

仏門に入るとは、日常生活の一挙手一投足が修行の場であり、身も心も「いつか」「どこか」ではなく「今」「ここ」にあると知り、これまで捨てていた自分を取り戻すこと、いわば、弥陀仏の「今ここにしかいないあなたを捨てない!」という声を素直に聞いていくことです。念仏の「念」は、今の心と書きます。弥陀仏から念じられている私だからこそ、今の心を常に問い続けながら有縁の法に藉る、一つひとつの目の前のでき事からしか仏門には入れないのです。

十七、自分のために生きる

――二河白道の譬え――（信巻⑤）

この念を作す時、東の岸にたちまちに人の勧むる声を聞く。「仁者ただ決定してこの道を尋ねて行け、（中略）また西の岸の上に人ありて喚うて言わく、「汝一心に正念にして直ちに来れ、我よく汝を護らん。（220頁）

このように念いをさだめるその時、すぐさま東の岸に人の勧める声が聞こえる。「仁者、迷うことなくこころを決めてこの道をたずねて行け。（中略）また、西の岸の上に人あってこう喚びかける。「汝、一心に正念して、また直ぐに来たれ。私はよく汝を護るであろう。（一八六頁）

ご門徒の奥さんが、看取ったご主人の言葉を語ってくれました。「会社のためでなく、もっと自分のために生きればよかった」。

私たちは、後ろを振り返っても、このまま止まっていても、どこかへ去ろうとしても、常に死と向き合わざるを得ない状況に身を置いています。どうせ死ぬ身なら、あたらずさわらず、楽で気ままな生活を送って終わるという選択もあります。その一方で、まさに死ぬ身であればこそ、自らのいのちをかけて新たな世界に踏み出すことも一つの選択です。

以前、同級生が市議会議員選挙に立候補することになり、彼の所信表明を耳にしました。冒頭「今朝、誰も踏み入れていない雪道を歩いて、先祖の墓の前で決意した。もう後戻りはできない、前へ進むしかない」と。さまざまな葛藤を抱きながらも、安定した職を辞し、私財をなげうってでも「今の農業を何とかしたい」「この町をもっと輝かせたい」との言葉から、並々ならぬ決断と覚悟が伝わってきました。と同時に、彼の家に代々伝わる二河白道の掛け軸を思い出しました。

現代の人間関係は、仕事場をはじめ、地域や親戚同士でさえ希薄になっています。なるべく本音を見せないようにしているうちに、自らの立ち位置を見失うこともあるかもしれません。「二河白道の譬え」は、そんな閉塞した状況下から一歩踏み出すことを、西（浄土）へ向かう姿として表現しているのです。西に向かう人に対し、「真に生きるとはどういうことか」「自分はどうありたいのか」を問い質していきます。まさしくその決断と覚悟をしたとき、「尋ねて行きなさい」と釈迦の声が聞こえ、また「直ちに来なさい」と弥陀の声が聞こえます。その声をたよりに独り厳しい現実に立ちながら、気がつけばさまざまな悪い誘惑（群賊や悪獣）に陥ることも、また自らの欲望（怒りに譬える火の河と、貪りに譬える水の河）に振り回されることもなく、真の友（僧伽）に出遇い、尊い教え（法）の導きによって、自分のために生きられる帰依処（仏）に向かって歩みを進めるのです。

「もっと自分のために生きればよかった」というあのご主人の言葉は、他人のことはどうでもよく、もっと自分の好き勝手に生きようということではありません。貪りや渇愛、瞋りや憎しみといった自らの欲望に振りまわされることなく、そしてまた、ご都合主義で付き合ってきた悪友の誘いに迎合するのでもなく、彼の言葉は「何のために誰のために生きてきたのか？」という自らの正直な問いのあらわれだったと思います。彼の身からにじみ出る「もっと自分のために生きればよかった」という言葉は、単なる後悔や反省の念なのではなく、本当に大事なことに目覚め、それを大切な奥さんに素直に話せたという真実の呼び声として私には響いてきます。たとえ残り僅(わず)かないのちでも、死を覚悟し本当の自分と向き合ったご主人は、自らの正直な声を聞くことによって自分のために生きる、それが二河白道を歩んでいる相(すがた)として私には映ってきたのです。

十八、願いに託されたタスキを受け継いで（信巻⑥）

真実の信心は必ず名号を具す。名号は必ずしも願力の信心を具せざるなり。（236頁）

真実の信心は必ず名号を具えている。名号は必ずしも願力の信心を具えてはいない。（二一四頁）

念仏者の医師、田畑正久氏が、数学の教師だった八十歳過ぎの患者に問いかけました。「そろそろお念仏を称えたらどうですか」。すると、「まだ早い。あんな訳のわからんもの称えたくないわ。それに浄土なんて、どこにあるんや」という返事がきました。その患者は、臨終の時、「運命だ、あきらめるしかない」と言ったそうです。

医師は言います。「世間の知恵とは、物事の表面的な価値を計算します。仏教の智慧は、物事の背後に宿されている意味を感得する見方です」。得か損か、役に立つか立たないか、という世間の知恵によれば、「念仏なんてあんな訳のわからんもの称えたくないわ」と言うのは無理もないことです。しかし、仏教の智慧によると、念仏は真実からあなたへ向けた呼び声として捉えることができ、「この病は私に何を気づかせようとしているのだろう」「あの悲しいでき事は私に何を教えようとしているのだろう」と、心の痛みを伴いながらも、物事の背後に宿されている大切な意味を感得するのです。

以前、南無阿弥陀仏の名号(みょうごう)について、箱根駅伝に例えた方がいました。駅伝は自分の区間を精一杯に走り切り、次のランナーへ必死にタスキを渡します。時には、時間的な規定によってタスキを渡せなかった選手のうなだれる姿を見受けますが、彼らにとってタスキを渡すことは自分の問題にとどまらない懸命の行為なのでしょう。ただ、タスキそのものは単なる布きれで何の価値もありません。それでもタスキには、チームや学校関係をはじめ、多くの人たちの願いが託されています。タスキをかけて走り切るということは、決して自分一人だけのことではない問題がこの世にあることを教えてくれます。世間の知恵によれば、名号そのものには何の価値もないということになるのでしょうが、名号を仏教の智慧として感得する時、それは、これまで支えてくれた人々、お世話になった方々の願いであると受け止めることができるのです。

念仏者の医師は、患者に念仏を勧めました。でも患者は、最期まで念仏を称えませんでした。医師は「生きること全体を諦めた」という印象をもったと言います。患者が疑いの眼で、本当に大切なものに出遇えず、親しい人々に感謝や幸せな言葉をあらわすことなく、死の無念さのみを残していったからでしょうか。

名号を称えても称えなくても、人それぞれのいのちを全うすることに変わりはありません。ただ、過去無量からいただいた名号というタスキを受け継ぎ、与えられた自らの人生を精一杯に生き切れば、タスキは念仏の声となって周りに響き渡ります。私自身の願いを名号というタスキに託して有縁の人に渡すことができる、これ以上の喜びはありません。

夢をわすれないで
一日一日を大切に
すごそう

十九、自らを信じるということ（信巻⑦）

また云わく、仏世はなはだ値い難し。人信慧あること難し。たまたま希有の法を聞くこと、これまた最も難しとす。自ら信じ人を教えて信ぜしむ、難きが中に転た更難し。大悲、弘く普く化する、真に仏恩を報ずるに成る、と。（247頁）

またこう云われている。仏がましますの世に値うことははなはだ難しい。人が信心の智慧を得ることも難しい。たまたま希有の法を聞くこと、これは最も難しい。自ら信じ、人に教えて信じさせることは、難しい中にもなお難しい。しかし、仏の大悲はどこまでも弘がっていき、すべてのものを教化してくださる。真にわたしたちはその仏恩を報じていくほかないのである、と。（二五一〜二五二頁）

「あなたは何を信じていますか？」と問われて、はっきりと答えられる人がどれだけいるでしょうか。現代人が「私は一体何を信じているのか？」と自問したとしても、何か他人事のように感じて、それを大切な課題として受け止める人は少ないように思います。

ご門徒と「仏教とは何か」という課題について話し合う機会がありました。議論が尽くされた後、「結局、あなた自身は何を信じているのですか？」と聞きました。少し間があったのですが、「やっぱり自分かな」と答えたので、「どんな自分ですか？」と再度、聞き返しました。彼は黙っていました。

その時の「自分を信じる」という答えには何か違和感を覚えざるを得ませんでした。「周りから理解される」「他人から尊敬される」、または「仕事がうまくいく」「いつまでも元気」等々、自分は理想的な姿になっていくと信じているように思えたのです。人生が順調に進んでいる間はいいのですが、うまくいかなくなると、「こんなはずではなかった」と自らを責め、時には他人を責めてしまうことにならないでしょうか。それは、自分を信じていたのではなく、自分にとって都合のいい自分を信じていたのです。

そもそも「自分を信じる」とはどういうことでしょう。

古いお経に次のような話があります。ある王が妃を質します。「お前は私のことを愛しているか」。すると、「すみません。私はどうしても自分のことしか愛せないのです」と妃は答えます。通常、こういう場合は、相手の気持ちを忖度（他人の気持ちをおしはかる）しがちですが、妃は、他人より自分しか愛せない深い懺悔心の中で、うそ・偽りのない正直な気持ちを相手に告白したのです。そこには、たとえ王に裏切られ見捨てられても、自分の出した結果をしっかり受け止める覚悟があったのだと思います。結果的に王は、「お前は、それほど私のことを愛してくれていたのか」と、妃の思いをそのまま受け入れ、自分を信じてくれたことを喜びました。妃は、王の言葉によって救われたというよりも、妃自身が強い覚悟で自らを信じたからこそ、王に救わせしめたのです。自分を信じるとは、自分にとって都合のいい自分を信じることではなく、どんな結果でも受け止め、それをありのままの自分として受け入れていく覚悟が生まれることです。自らを信じ、人に信じてもらうことは、難しい中にもなお難しいことなのです。

ある月参りでのことでした。いつも居るはずのおじいちゃんとおばあちゃんがいません。でも、お内仏（ないぶつ）の灯りはついており、またお茶とお菓子が用意されているようだったので、失礼を顧みず家に上がり、黙ってお参りをしようとしました。すると、奥の方から中学一年生のお孫さんが出て来て、おもむろにお内仏のろうそくに火をつけ、香炉（こうろ）にねかせた線香の上にお香をのせて、「お願いします」と。温かいものを感じながらお経を読み上げ、そして帰ろうと振り向いたとき、そのお孫さんは妹二人と三人でちょこんと座っていたのです。次のお参りのとき、そのことをお話しすると、おばあちゃんは何も知りませんでした。そこで私の口から思わず出た言葉が、「あんた、本当に長生きしたね」でした。仏教の長生きとは、寿命の長さだけではありません。それは無量寿（むりょうじゅ）に生きることであり、具体的には、自分の生きた証（あかし）が、死んだ後も浄土を通じて有縁（うえん）の人々に伝わっていくことです。おばあちゃんはどんな教えを大事にしてきたのか、どんな人に出遇ってきたのか、誰もが未熟なままであっても、完成され円熟した浄土を通じて、自らの生き様が伝わるべき人に輝きを伴って伝わっていくのです。

自らを信じることの難しさを知る。そして人に教えて信じさせることの難しさをもっと知る。その上で、私が人を信じさせるのではなく、如来の大悲が、ひろくあまねく人々を教化するという教えの原点に立ち返り、私自身は、名号を称えて仏恩を報じていくしかない、それがまさしく自らを信じることなのです。

二十、〝あと一生限り〟この世で安心して苦しみ迷う（信巻⑧）

念仏衆生は、横超の金剛心を窮むるがゆえに、臨終の一念の夕、大般涅槃を超証す。かるがゆえに「便同」と曰うなり。（250頁）

念仏の衆生は、横超の金剛心を窮めるので、臨終の一念の夕に、大般涅槃を超証する。だから、「便ち弥勒に同じ」というのである。（二五八頁）

皆さんは、「あなたは次に必ず仏に成るのですよ」と言われて、どのように感じますか？「そんな恐れ多い」「まだ死にたくないから遠慮するよ」等と、真剣に受け止めず、まるで他人事のように捉えてしまうのではないですか。しかし、仏に成るとは、この世に生を受けた私が、本当に大事なことに目覚める人になることです。それはまた、自らの存在を素直に受け止め、自らが他者にとってかけがえのない存在であると同時に、他者こそが自らにとってかけがえのない存在であるという関係性（釈尊が悟った「縁起」の道理）の中の本来の私に目覚めることです。これは人生にとってとても大事なことだと思いませんか。

一般的に弥勒菩薩とは、釈尊が滅した五十六億七千万年の後に仏となり、この娑婆世界に下りてきて衆生を救う、いわば未来の救主であるとされています。それ故、いまだ仏のさとりは開いておられず、現在も修行中だといわれているのですが、そういう弥勒菩薩の出現を将来的に願って、法相宗などの奈良仏教をはじめ、天台宗や真言宗ではことに重んじられてきました。最澄は空海に、「ともに弥勒に会うときを待ちたいですね」と手紙を書いたそうです。しかし、『大経』の教えにもとづく浄土真宗は、弥勒の出現を待つ必要はなく、弥陀一仏（阿弥陀さまだけ）を救主として定め、釈尊が教主として、阿難をはじめすべての人々に阿弥陀の本願を伝えていくという二尊教に立っています。そのために弥勒と念仏を称える衆生はともに、次に必ず仏に成る位（「等証覚」「入正定聚」）として約束され、同等の立場（「便同」）として説かれているのです。お寺の報恩講でなじみのある和讃には次のように述べられています。

「念仏往生の願により　等正覚にいたるひと
すなわち弥勒におなじくて　大般涅槃をさとるべし」
「真実信心うるゆえに　すなわち定聚にいりぬれば
補処の弥勒におなじくて　無上覚をさとるなり」
（「正像末和讃」、502～503頁）

以前、ご門徒が言いました。「釈尊は生まれたことが苦しいと言っているそうだが、俺は今まで苦しいと思ったことはあまりないのだけど」と。私は何も言いませんでした。だけど、心の中でつぶやきました。「あなたにも、必ず老病死する身が待っている。そして何よりも、周りに目を向ければ、戦争や飢饉、環境汚染など、苦しんでいる人々が世界中にたくさんいる。そして、いじめや貧困など、あなたに苦しみを共有してほしいと思っている人が目の前にいるのかもしれないのに」と。

釈尊の教えを踏まえれば、この世に生まれ一生を生きるとは、たった一度限りの空しい人生ということにとどまるのではなく、死んだ後は苦しみから解放され、必ず仏になることが約束されているのだから、あと一生限り精一杯に苦しみ迷いなさいということだと思います。苦しみ悲しみばかりの娑婆にあっても、誰もが千載一遇の娑婆を精一杯に死にきり、そして最期まで生きぬく「生死出ずべき道」（生死の迷いから出られる道）がある、それをどのように次世代へつないでいくのかが問われているのです。

タレントの堀ちえみさんが癌を告白されました。一度は「自分の人生に悔いなし」と、「このまま治療せず人生の幕をとじてもいいかな」と考えたそうです。しかし、末娘の「お母さんは病気ばかりして可哀想な人生だった」という言葉を聞いて、「そういう思いを、子どもたちの心に残したままで、闘いもせずに諦めて良いのだろうか」という思いに至ったそうです。現実を引き受け、迷い悩みながらも、精一杯に生きる姿を子どもたちに見てもらおうという覚悟が、娘さんの言葉から生まれたのではないでしょうか。病気ばかりする可哀想な人生ではなく、たくさん苦しんだことによって、家族の愛情や人々からの温かい支援をもらい、本当に大事なことに気づかされる人生を送っておられるのです。

私たちが大事なことに目覚め、仏道を歩むきっかけになる出遇いとは、完璧な聖者とはかぎりません。ひとり苦しみと向き合い、臨終まで精一杯に迷い悩み続ける人の相なのです。娑婆を生きる誰にとっても尊い存在と出偶い、そして自らもそのような存在になっていく仏道はすでに用意されています。娑婆の縁が尽きる悲しみの中にあっても、誰もが二度と苦しい娑婆に戻らなくていいのだから、この世で死ぬ瞬間まで、人は精一杯に迷い悩み続け、死にきることができるのです。そのような相こそ、誰の目にも必ず仏に成る位として映り、有縁の後の人々を大切な方向へと導いていく存在になるのです。

二十一、懺悔の念仏道 ―「唯除」の問題―（信巻⑨）

それ諸大乗に拠るに、難化の機を説けり。今『大経』には「唯除五逆誹謗正法」と言い、あるいは「唯除造無間悪業誹謗正法及諸聖人」（如来会）と言えり。（272頁）

ところで、多くの大乗の経典に拠ると、教化し難い機について説かれている。今、『大経』には「唯除五逆誹謗正法（ただ五逆と誹謗正法とを除く）」と言い、あるいは「唯除造無間悪業誹謗正法及諸聖人」（ただ無間悪業を造り、正法およびもろもろの聖人を誹謗せんをば除く）」（如来会）とも言われている。（三一八頁）

『大経』第十八願において、すべての人々が念仏して往生するという一方で、ただ、五逆罪と正法を誹謗する人は除くとあります。「信巻」を締めくくる大事な問題ですが、このような逆説的な発想は何を私たちに教えようとするのでしょうか。

五逆罪とは、父を殺し、母を殺し、阿羅漢（尊敬される人）を殺し、和合僧（仏教教団）を乱し、仏身より血を出すということですが、いったい誰のことを指しているのでしょう。

人間の業（行為）は、身・口・意に分けられます。皆さんは、身の行為でなくても、口や意（心）による行為で両親や大切な人を殺めたことはないですか。「親なんていなければいい」「あんな人なんて消えてほしい」と心の中で思ったり、時には言葉にしてみたり。そのような行為が五逆罪とどれだけ違うのでしょうか。『涅槃経』の中で王舎城の阿闍世王は父の頻婆沙羅を殺したと伝えられていますが、実際は身をもって殺してはおらず、また口で家来に「殺せ」とも言っていません。父である頻婆沙羅は牢屋に拘束されたまま結果的に餓死しました。「五逆の罪とは何か」と考えてみると、それは決して他人事ではないということを親鸞は教えているのです。

また、正法を誹謗するとは、仏法を直接非難したり疎かにすることではありません。親鸞は曇鸞の言葉を引用して、「仏や菩薩の存在を無視し、自分の心の中で解ったつもりになったり、他者の考えに従って、それを断定したりする」ことが正法を誹謗することだと教示しています（273頁）。

あるおばあちゃん曰く、「住職さん、だんだん足腰の痛みが増すばかりや、歳なんてとるもんじゃない、歳とったらダメや」。体のガタがくるまで寿命をいただきながら、老いる「身の事実」を受け入れられません。ある老人会の会長さんが、「皆さん、健康で長生きしましょう、健康が一番です」とあいさつすると、皆さんは何の疑いもなくいっせいにうなずきますが、不治の病にかかって床につくと「健康が一番です」と言えなくなる自分を忘れています。さらには、ある葬式で「まだまだ若いのに可哀想や、不幸やな」と神妙な趣でつぶやく言葉からも、「死＝不幸」という構図がうかがえ、幸せを求めながら人生の最後は「不幸な死」と決めつけてしまっている矛盾に気づいていません。寿命の長さに関係なく、たとえ若くして亡くなっても、それは不幸なことではありません。悲しいことです。死する悲しい身の事実を引き受けてこそ本当に尊いものに出遇ってほしい、また歳を重ねればこそ聞こえてくる声に耳を傾けてほしい、病んでこそ周りの心の痛みを知ってほしい、そういう如来の願いがあるにもかかわらず、それに背を向けて生きているのが私たちの実際の相なのかもしれません。

ここでいう「唯除」の対象を、親鸞は誰のこととして捉えているのでしょうか。大切な人を排除し、結局は私自身をも排除してしまう「五逆罪」、または老病死する身の事実を受け入れられず本来の自分を見失っている「誹謗正法」とは、他でもない、私自身のことではないでしょうか。そして、この「唯除」の言葉こそが、人間がかかえている罪の意識、いわば「罪悪深重の凡夫」という懺悔せざるを得ない私であったという自覚を促すものだと思います。懺悔とは、自らをあてにする反省や後悔ではなく、絶対的なものに任せきることです。それはまた救われようのない私でありながら、それでも「あなたを捨てない！」という弥陀の声に包まれることによって、自他ともに讃嘆する心が芽生えることなのです。

二十二、私の身の事実として受け止めてこそ〔証巻①〕

しかれば弥陀如来は如より来生して、報・応・化種種の身を示し現わしたまうなり。（280頁）

だから、弥陀如来は如より来生して、報、応、化など種々の身となって現れてくださるのである。（三三七頁）

「阿弥陀さんはどこにおられるのですか？」、ある説教者が聴衆者に問いかけます。すると一人のご門徒が、「私の心の中や！」と言いました。説教者は「阿弥陀さんは、私の心の中におられるのではなく、私の身(み)そのものなのですよ」と返答したのですが、そのご門徒は、ちょっと腑(ふ)に落ちない様子でした。

　月参りに行った先のおばあちゃんとの会話で、健気(けなげ)に難病と向き合っているひ孫さん（高校二年生）の話題になりました。彼女は脳に病があるため歩行することが困難なのです。学校では特に階段を上ることが難しいのですが、周りの友だちは、手を貸さないという学校の方針に従って、ただ黙って見守るだけだそうです。確かに直接手を貸すことは簡単なのかもしれません。ただそれよりも、誰も代わることのできない「身(み)の事実」を引き受け、一歩一歩懸命に階段を上る彼女の姿を見守ることは重く、その重さに、私たちはどれだけ大切なことを伝えてもらっているのでしょうか。

　阿弥陀如来の「如来」とは、ありのままの「如」から来るはたらきが、「報(ほう)」・「応(おう)」・「化(け)」という種々の身(すがた)となって現れることです。一つは、願いが成就した浄土から南無阿弥陀仏の名号(みょうごう)となって常に私の身に現れている「報」、一つは、大切な人との出遇(であ)い、いわば善知識(ぜんちしき)となって私の身に現れる「応」、一つは、老病死をはじめ、不如意(ふにょい)（思うようにならない様子）の事実となって私の身に現れる「化」です。本来、「如」そのものに、すがた・形はなく、目に見えるものではありませんが、「如」から来たはたらきが、浄土へ導くための具体的なすがた・形となり、私の身の事実となって現れてくるのです。ことに老病死はもとより、大切な人との別れ、また避けられない人との付き合い等々、日常生活の中の現実から逃げることなく、そのありのままを引き受けお任せしていくことで、弥陀如来の声に応えられるようになるのです。

あのひ孫さんにとって、「如」から来た一つのはたらきは、歩行困難という身の事実となってやって来ました。「なんでこんなに苦しまなければならないのか」。世の中には、理由のないものはないと思います。すべては「如」から来たはたらきとして、人それぞれが、具体的なすがた・形となって現れる事実そのものを引き受けてこそ、私が私にしかなれない道を歩み、あなたがあなたになっていく理由を確かめていけるのです。

おばあちゃんは言います。「毎日、学校へは行けないから、勉強や友だちとの関係が心配でね。でも、あの子はトランペットが上手で、県の代表になったことがあるのよ」と。

彼女にしか背負えないものがはっきりしていればこそ、彼女にしか吹けないトランペットの音色がはっきりと聞こえてくるのだと思います。

阿弥陀如来とは、一人ひとりの身そのものであり、日常生活の中で、行住坐臥（日常的行動のこと）、さまざまなすがた・形となって現れてきます。それを私にしかない身の事実として素直に受け止めていくとき、私にしかない人生の輝きを放つことができるのです。

二十三、故郷、本来の私に帰る（証巻②）

また『論』（論註）に曰わく、「荘厳清浄功徳成就」は、「偈」に「観彼世界相　勝過三界道」のゆえにと言えり。これいかんぞ不思議なるや。凡夫人の煩悩成就せるありて、またかの浄土に生まるることを得れば、三界の繋業畢竟じて牽かず。すなわちこれ煩悩を断ぜずして涅槃分を得、いずくんぞ思議すべきや。（282～283頁）

また、『論』（論註）にこう曰われている。「荘厳清浄功徳成就」とは、「偈」に「観彼世界相　勝過三界道（彼の世界の相を観ずるに、三界の道に勝過せり）」と言わ

> れている。これはどのように不思議なのであろうか。凡夫人として煩悩のただ中に生きている者が、また一たび彼の浄土に生まれることができれば、三界に繋ぎとめられている業は畢竟にそのはたらきを失う。つまり、煩悩を断じないままに涅槃の分を得るのである。どうして思い議ることができようか。（三四二～三四三頁）

久しぶりに、真宗本廟奉仕団として、当寺のご門徒三十二名と上山しました。勤行、講義や座談、そして清掃奉仕等、ふだんと違った時間の流れの中で、改めてご本尊を中心とした生活を送ってきました。そんな中、福島県浪江町の僧侶の小丸洋子氏より、大震災の体験にもとづいたお話をいただきました。氏のお寺は福島原発から数キロの所にあり、現在は避難指示区域から解除されたものの、依然、ままならない状況だそうです。冒頭、氏は次のように話されました。「今回、被災していろいろ失いました。でも失って最も辛かったものは、人と人とのつながり、コミュニティです」。ご門徒がバラバラに避難している現状において皆さんは、一様に「帰りたい」と言われるそうです。土地が汚染され、田畑すら耕せない状況でも、それでも帰りたいとはどういうことなのでしょうか。

講義後の座談会で、一人のご門徒が仰いました。「私の地元は田舎です。〝しがらみ〟が強い。老人会をはじめ、各種団体の付き合いは大変で、うんざりすることがある。だけどこれがなくなったらどうなるのでしょう」。さらに、「今日のお話を聞いて、失ってはじめて知る大切なことに気づきました。たとえ人間関係が〝しがらみ〟のようになって行き詰まっていても、人とのつながりそのものが、私の身勝手な行動を抑えたり、否応なしにお世話をさせて、他人の情に触れさせてくれるのです。そして、日頃バラバラでも地域の行事があるときは、全体が驚くほど団結するのです」と語ってくださったのです。

私たち人間は、家族をはじめ、近所や職場等、人と人との関係性の中で生きています。関係性を保つことは簡単なことではありませんが、それを失えば、自分勝手な欲望に流され、自暴自棄に陥ってしまうこともあるのです。たとえ人間関係が悪い意味での〝しがらみ〟になっても、自分の居場所は、人と人との関わりの中にしかありません。あるご門徒が仰いました。「思い起こせば、人付き合いに悩まされながらも、それを救ってくださったのも、やはり人だった」。

さて、浄土真宗とは、法蔵菩薩(ほうぞうぼさつ)がすべての人々に救われてほしいという願いのもと誓いをたて、それが実現した阿弥陀の浄土を拠(よ)り所(どころ)とし、そこへ帰依(きえ)することです。それは、煩悩(ぼんのう)を断つことができず、未熟で未完成な者であっても、すでに円熟し完成された浄土のはたらきによって、自他ともに煩悩が照らされ、それを自覚することにより、お互いに尊重し合える関係性を保っていくことです。

あるおばあちゃんの葬儀を執(と)り行いました。彼女は亡くなる何年か前から、一切外へ出ることもなく、居間の片隅に座って、以前に書いた老人会や当寺の季刊紙などを繰り返し読んだり、すでに亡くなった同級生や親兄弟の写真を眺めていたそうです。昔のでき事を回顧(かいこ)し、いっぱい詰まった思い出に浸(ひた)りながら、一日一日を過ごしていたのでしょう。戦前、戦中、戦後を懸命に働きぬいたおばあちゃんは、さまざまな困難を乗りこえて大変ご苦労をされたそうです。それでも月参りのときの彼女の口癖（くちぐせ）は、「ここは本当にいいところや」「ここで過ごせて幸せや」でした。田舎で、ことさら便利なところではないにもかかわらず、生まれた故郷を思いつつ、この町の人々と一緒に暮らせたことを本当に喜んでいました。まさしく自分が自分である理由は、この土地で育ち、この土地の人々に支えられてきたことの他には何もありません。

この娑婆（しゃば）を生きている以上、他人とのかかわりが〝しがらみ〟になり、三界（さんがい）（迷いの世界）に縛られることが誰にでもあると思います。それでも、これまで育てられ、出遇（であ）ってきた人々がいる。失ってこそ「帰りたい」と故郷を想うことは、故郷浄土を想うことであり、それは三界のただ中に生きて、不安や不満を抱えながらも、本来の私に帰っていくことです。それこそが「煩悩を断ぜずして涅槃（ねはん）分（ぶん）を得」ることだと親鸞は教えているのだと思います。

谷内正遠の版画「浄土寺」

第3章 目に見えない脅威との共生

■本文中に算用数字で表記した頁数（例：215頁）は、『真宗聖典』（東本願寺出版部）の掲載頁数を示している。

蓮如上人の疫癘のお文
――目に見えない恐怖にさらされている今――

全世界が新型コロナウイルスの脅威にさらされ、それがいつまで続くのか、出口の見えない不安が世の中全体を覆っているようです。それでも、このような有事にこそ、伝わるもの、伝えなければならないものがあります。

蓮如上人は「疫癘のお文」（827頁）のはじめに、「近頃、多くの人が亡くなっているのですが、私たちが死ぬのは、伝染病によって死ぬのではありません。生まれたから死ぬ、という定まった業の報いなのですから、それほど驚くべきことではないのです」と言い切られます。いつも死を身近に感じる時代を生きた上人の言葉は、今の私たちに何を問いかけているのでしょうか。死を他人事のようにとらえ、いつまでもいのちがあると思い込んで生きている私たちは、これまでの歩みを振り返り、これから何を拠り処にして生きるのかという問いとともに、改めて仏道に立ち止まらざるを得ないのです。

新型ウイルスという得体が知れない未知の脅威は、経済的な損失を生み出し、医療崩壊や便利な生活基盤の脆さを露呈させました。そして多くの人々のいのちを奪っています。しかし、本当に恐いのは、ウイルスそのものがもたらす目に見える脅威だけではありません。それは、財政的な豊かさや日常生活の便利さなどを幸せの価値として信じていた自分が浮き彫りになることです。これまであてにしてきた日常がなくなると、無意識に他人を差別してしまったり、根拠のない情報に振り回され無自覚的な行動に走ってしまうのは、私は他人とは違う、自分さえ良ければいいという、独りよがりな利己心が誤魔化しきれなくなったからだと思います。ただ、偽りの仮面がはがされる恐さと向き合えたとき、「自分はいったい何ものなのだろう?」「何をあてに生きればいいのだろう?」という問いとともに、自らの立ち位置を素直に見直すことができるのです。

上人は、このお文の中で「罪業のわれら」ということを述べています。無論、伝染病に罹る罪深さではなく、伝染病に振り回され、罹るか罹らないか、生きるか死ぬか、もっと言えば、生きのびることだけに執着して、「何のために生きているのか」「誰のおかげで今ここにいるのか」という人生の根本的な問題を見失っている人間の罪深さです。

全世界に及ぶ新型コロナウイルスの脅威の行き着く処は、決して医療や経済の問題だけではなく、私たち一人ひとりの死生観に他なりません。社会に対する不信に陥ったとしても、私はいつも死を避けて生きようとする「罪業のわれら」なのだという自覚をもって手を合わせ、そこからこぼれでる念仏の声によってお互いの信頼を獲得し乗りこえていく。目に見えないものへの脅威は、目に見えない信頼関係がなければ克服できません。

「ステイホーム」、そして「如来の家に生まる」

令和二年四月一六日、緊急事態宣言が全国に発出されました。それ以降、不要不急の外出を避け、「ステイホーム」（おうちにいて！）と自粛ムードが高まる一方で、さまざまな弊害(へいがい)も生まれてきました。家が外敵から守る避難所と化して孤立してしまうからでしょうか。この身に害が及ぼうとすると他人を誹謗中傷(ひぼうちゅうしょう)したり、デマ情報の拡散によって無謀(むぼう)な買い占めが横行(おうこう)しました。更には極度のストレスからか家庭内暴力、ＤＶや虐待(ぎゃくたい)が増え、コロナ離婚やコロナ鬱という言葉も聞き及ぶようになったのです。その後、宣言は解除されたものの、「ステイホーム」により、家にいる時間をどう過ごし、閉塞的な気持ちをどうコントロールすべきなのか、新たな問題が浮き彫りになりました。核家族が主流になっている現代の事情とあわせて、「家とは何か」「何のための家なのか」を今一度、見つめ直す必要があるのだと思います。

龍樹は、救いの境地（「初地」「歓喜地」）を「如来の家に生まる」（162頁）と表現し、それを親鸞は、独自の「大海分取の譬え」によって説明します（162頁）。「如来の家に生まる」とは、大海の水の如くある終わりなき人間の苦悩に対して、最後まで汲み取り滅するのではなく、汲み取った苦悩が結果的にほんの僅かな二、三滴の水であっても、それらを他者と共有し分かち合うことができれば、目の前の難局を横さまに乗りこえて救われていけるということです。それ故、私たちが安心できるのは、避難所のような家にいて自分だけの安全が確保され孤立する状態ではなく、確固たる立脚地のもと、お互いに苦悩を背負い分かち合う信頼関係によって、一人ひとりが自立し具体的に動き出せる出発点になり得ることだと思います。

先に一六六頁でとりあげた蓮如上人の「疫癘のお文」（827頁）には、二つのキーワードがあります。それは「定まった業の報い」と「罪業のわれら」です。私たちが死ぬのは、感染症によって死ぬのではなく、また癌や事故によって死ぬのでもありません。生まれたから死ぬという「定まった業の報い」であるが故に死ぬのであり、いつも死を身近に感じている上人にとってはさほど驚くべきことではない、というのです。歴史を振り返っても、人の主な死因はペストを始めとする感染症でした。そういう過去の歴史を忘れ、感染症に罹るか罹らないかのみに気をとられ、「どう死んでいくのか」「死ぬとはどういうことか」を問わないことは、常に死と隣り合わせの「身の事実」を忘れて迷って生きている相なのでしょう。コロナ禍の現状を見れば分かるように、私たちは、自らの立脚地を見失うことによって、無意識に他人を差別したり、根拠のない情報に振り回され、時には突発的な行動に走ってしまうような「罪業のわれら」なのです。

現代人は、日常生活の便利さや物の豊かさばかりを追求する中で、如来の家に居ながら「如来の家に生まる」とはほど遠く、お内仏のない家で確固たる立脚地、いわば如来（ご本尊）を見失った生活を送っているのでしょう。自粛による「ステイホーム」を経験したことによって、私たちは「罪業のわれら」の自覚を持ち、「定まった業の報い」の苦悩を分かち合える他者との信頼関係を回復していく、ご本尊を中心とした家のあり方を、一人ひとりの胸の内に取り戻していかねばなりません。

「ソーシャルディスタンス」がうたわれている今

仏教に由来する「人間」（サンスクリット語manuSya）という言葉は、「世間」や「この世」を意味します。そして、人（と人）の間と書きます。

新型コロナウイルスの感染防止策の一つとして、三密（密閉・密集・密接）を避け、「ソーシャルディスタンス」、人と人の間に社会的（物理的）距離を保つことがうたわれています。感染防止のために有効にはたらく一方、私たちは生活様式の見直しを余儀なくされています。たとえ一時的な措置とはいえ、できるだけ二メートル（最低一メートル）の距離を意識した生活がすすめられている今、改めて人と人との間の距離感について、宗教的観点から少しく触れてみたいと思います。

コロナ禍においては、人と人とが面と向かって話し合えない、また直接触れ合えない異常な状態が続いています。そんな中、世の中がオンライン（インターネットによって共有する）を利用した生活様式へと移行しています。学校の授業や会社の会議をはじめ、物品の購入や販売、そして飲み会等々、さまざまな分野でオンライン化が進んでいます。『「サル化」する人間社会』（集英社、二〇一四年）の著者、山極寿一氏は次のように述べています。「現在はインターネットが隆盛し、生身ではないコミュニケーションに傾いていますが、どこかで自然回帰的な動きが生じてくるだろうと思います」（一七三頁）。人類の歴史を振り返っても、私たち人間は、生身の体を通して、物を分かち合い、肌と肌を触れ合わせ、言葉を用いた話し合いによって、悲しみや喜びという感情を共有し、お互いの共感能力を高めてきたのだと思います。たとえオンライン化が進んでも、面と向かって話し合ったり、直接触れ合いながら人の温もりを覚えるような「自然回帰的な動き」はそう簡単に失われるものではないはずです。

コロナが猛威をふるっていた頃、一人暮らしのご門徒の女性宅で、携帯スマートフォンを用いたオンラインによる祥月命日のお参りがありました。毎年ならこの時期、県外の遠方におられる子どもたち家族が帰省しお参りするのですが、緊急事態宣言による自粛で集まることができません。そこで、それぞれが所有するスマホを用いて、「正信偈」を唱える私と母親の声にご家族が耳を傾けました。母親の目から涙があふれ、確かに皆の心がつながったという温かい瞬間があったのです。それは、ただ単に電波によってつながっていたのではありません。人工衛星をはるかに超えた浄土からの呼びかけに応える念仏（故人の声）によって、心がつながり一つになったのです。すなわち、故人を偲び、母親を慕う念いから、悲喜こもごも心が一つになり、その一つになった証として浄土という存在を無意識の内に皆が感得したのだと思います。

浄土とは「これより西方に、十万億の仏土を過ぎて、世界あり、名づけて極楽と曰う」（『阿弥陀経』）のごとく、はるか彼方にある世界です。それは、他者への排除を認めない「自利利他」（自らを利し他を利する）円満の誓願が成就した世界であり、それぞれ異なった性格や能力、立場や事情があっても、本質的には一つという「真如」の世界です。それ故、他者を排除してお互いの心が通わない、また自己保身から相手を傷つけてしまう「自損損他」（自らを損じ他を損じる）の「世間」「この世」からは、浄土ははるか遠くに及ばない距離にあります。しかし、呼びかけられる名号を唯一の手がかりにした念仏によって、浄土は決して遠い存在ではなくなり、お互いの心が一瞬で一つにつながっていく道が開かれるのです。まさしく浄土と私、私とあなた、あなたと浄土の間に名号を介した宗教的距離感が存在するといって良いと思います。

コロナ禍における生活様式の急激な変容によって、最も危惧すべきは、これまであった心の宗教的距離が見失われ、人間本来の共感能力が低下していくことだと思います。倫理的・道徳的な観念によって「ソーシャルディスタンス」を保とうとすると、その思いが強ければ強いほど、結果的に他人を遠ざけ、ひいては誹謗中傷や差別を生み、お互いの心が離れてしまうことがあります。一度分断された心はなかなか取り戻せず、コロナ禍の終息後も、傷ついた心をずーっと引きずってしまうことにもなりかねません。

だからこそ、「ソーシャルディスタンス」を保つだけではなく、失われた信頼や分断された心を取り戻し、また共感能力を高め、一つになって難局を乗りこえていける宗教的距離が今こそ求められているのだと思います。まさしくその宗教的距離を保つ、否、すでにある宗教的距離に目覚めるためには、人と人との間に浄土からの名号を介することによって、人類が誕生する以前から一つにつながって呼応し続けてきた念仏の声を蘇らせる他にはありません。

あとがき

時々、法話の席で問いかけます。

「あなたにとって宝ものとは何ですか?」

「健康」

「家族」

「いのち」

等々、さまざまな声が上がるものの、「教え」「仏さん」という答えはなかなか返ってきません。

仏教でいわれる宝ものとは、仏・法・僧の三宝です。具体的に三宝それぞれの中味をたずねることは、一人の僧侶として、またひとりの真宗門徒として、生きる上での大事な課題です。諸先輩方のお話では、おおよそ「仏宝」を仏陀釈尊、「法宝」を本願念仏の教え、「僧宝」を僧伽・友と言い当てているようです。無論、そういう見方は必然かと思いますが、少なくとも親鸞は、具体的な三宝の中味について明確に述べてはいません。自身に向けて「帰依三宝とは何か」を常に問いかけていたからだと思います。

時には「仏宝」が、仏陀釈尊だけではなく、弥陀一仏や、弥陀の化身となって現れる亡き人であったりしませんか。時には「法宝」が、本願念仏の教えだけではなく、さまざまな「経論」の教えや、師・善知識の言葉であったりしませんか。時には「僧宝」が、身近な〝友〟だけではなく、〝わがよき親友〟と呼ぶ釈尊や、いつも傍にいる〝アミダさん〟〝おやさま〟という〝人〟のような存在であったりしませんか。

「正信偈」について言えば、「仏宝」である仏陀釈尊の出世本懐、いわば「如来所以興出世　唯説弥陀本願海」（204頁）の文がなぜ冒頭ではないのか。

すなわち、

冒頭「帰命無量寿如来」から始まる「仏宝」、

釈迦如来の出世本懐を説く「法宝」、

善知識・七高僧との出遇(であ)い「僧宝」、

という「帰依三宝」に「正信偈」は貫かれていると捉えれば、究極の帰依処(きえしょ)である「仏宝」は仏陀釈尊というよりも、弥陀一仏という、親鸞独自の視座が開かれているように思えてなりません。

そしてまた、『教行信証』とは、親鸞自身の大切な三宝との出遇いがぎっしり詰まっている宝箱のようなものだと思います。自分が宝ものになって他者から尊重されて救われるのではなく、自らが宝ものに出遇うことによって救われる本願念仏の観点から、親鸞は「あなたにとって帰依三宝とは何ですか?」という問いかけを、世のすべての人々に投げかけているのだと思います。

今の私にとって帰依三宝とは何だろう。正直に言って、はっきりと定まっているわけ

ではありません。なぜなら、

「この人、仏・法・僧宝(そうぼう)を信ずといえども、三宝の同一性相を信ぜず」

（『教行信証』、352頁）

のごとく、私自身が、三宝に帰依すると言いながら、実際はそれぞれの本質をバラバラにして捉え、いまだ念仏一つに定まる如来の声が、自らの「身の事実」となって聞こえてこないからなのでしょう。

ただ、これまでを振り返れば、少なくとも人と出遇ってきた事実があります。ご門徒をはじめ、同じ法衣(ほうえ)をまとう〝友〟は言うに及ばず、念仏の教えを伝えてくださった先生方です。中国仏教を学んできた私にとって、恩師の福島光哉(ふくしまこうさい)先生をはじめ、『法華経』の大家・横超(おうちょう)慧日(えにち)先生との出遇いは、私の宝ものとなって今でも輝いています。

人生は生涯かけての宝もの探しだと思います。悩み、戸惑いながら、時には苦しみに打ちひしがれながらも、人と出遇い、教えを請(こ)いつつ、本当の自分を探し続ける歩みです。ただそれは、日常生活の中で、目の前に散在している瓦礫(がれき)を拾うような単純な作業の繰り返しなのかもしれません。だからこそ繰り返し皆さんと一緒に念仏を称えていきたい、そこに「念仏の声が宝となるとき」を願いつつ、今回この本を出版させていただきました。皆さんが念仏を称え、お一人おひとりの宝もの探しをされるほんの一助となれば、これにまさる喜びはありません。

尚、前回に引き続き出版を快く引きうけてくださった法藏館編集長の戸城三千代さまと、装画ならびに挿絵を無条件に提供してくださった谷内正遠さま、そして編集を担当してくださった京都月出版の花月亜子さまには心より感謝申し上げます。

大窪康充

二〇二〇年八月一日

大窪　康充（おおくぼ　こうじゅう）

1965年石川県白山市（旧松任市）生まれ。真宗大谷派浄土寺住職。大谷大学大学院博士後期課程満期退学。真宗大谷派擬講。金沢教区教学研究室元室長。金沢真宗学院指導主任。

《主な論文》「如来性悪説の考察」（『大谷大学大学院研究紀要』通号8）、「「一念三千」説の一考察」（『印度学仏教学研究』通号77）、「廬山慧遠の禅観」（『印度学仏教学研究』通号83）、「天台十乗観法の修行規定について」（『仏教学セミナー』通号59）、「『維摩経』と中国浄土教」（金沢教区教学研究室機関誌『白道』第7号）、「『法華経』より『大無量寿経』へ」（金沢教区教学研究室機関誌『白道』第9号、第10号）、他。

《主な著作》『念仏の音が聞こえるとき　『正信偈』『歎異抄』との対話』（法藏館）、『浄土を生きる足音』（編著、北國新聞社出版局）

本文中挿絵　谷内正遠（10頁、27頁、108頁、139頁、163頁）

JASRAC　出　2005555-001
編集協力　花月亜子（京都月出版）

念仏の声が宝となるとき
生活にいきる『教行信証』の言葉

二〇二〇年　九月一〇日　初版第一刷発行

著　者　大窪康充
発行者　西村明高
発行所　株式会社　法藏館
京都市下京区正面通烏丸東入
郵便番号　六〇〇―八一五三
電話　〇七五―三四三―〇〇三〇（編集）
〇七五―三四三―五六五六（営業）

装幀　野田和浩
印刷　立生株式会社　製本　清水製本所
©2020 Koju Ōkubo　*printed in Japan*
ISBN978-4-8318-8786-3 C0015
乱丁・落丁本の場合はお取り替えいたします